小学校
新学習指導要領
道徳の授業づくり

宇部市立東岐波小学校長
坂本 哲彦

明治図書

まえがき

量的確保と質的転換。

これは、二〇一八年四月から小学校で全面実施される「特別の教科　道徳」（以下、道徳科）の課題の一つです。これまでの「道徳の時間」と同様、年間三十五時間（小学校一年生は三十四時間）以上をしっかり行うことが、まずもって重要です。

加えて、今回の改訂では、道徳科授業の質の向上が必要とされました。向上させるために、質的に転換することが課題になっているのです。

質的転換とは、道徳科の指導方法などを、これまでより一層効果的なものに変えていこうというものです。そのために強調されたのが「考え、議論する道徳」という方針でした。児童が主体性を発揮しながら自律的に思考する中で、道徳的価値などについて多面的・多角的に考え話し合う授業、道徳的価値の理解を自分自身との関わりの中で深めていく授業などが求められています。

そこで、量的確保をするための具体的な取組の在り方や質的転換を図った授業づくりの方法などについて、本書の中で、丁寧に述べることとしました。

また、このたびの改訂から大きく変わったことが、二点あります。

一つは、教科書の使用です。これまで用いていた副読本ではなく、検定教科書を用いることになりました。魅力的な教材をどう読み、どのように授業に活用するのかは、今まで以上に重要な教師の取組となりました。教材研究の方法や諸計画づくりなどを中心に考えていきます。

もう一つは、評価です。児童の成長を積極的に受け止め、認め、励ますという道徳科の評価の基本的な考え方や具体的な方法、特に、授業の中での姿について明らかにしていきます。

改訂の趣旨を踏まえた取組を一層推進して、楽しい道徳科授業をともにつくっていきましょう。

二〇一八年四月

坂本　哲彦

もくじ

CONTENTS

第1章

新学習指導要領と特別の教科　道徳

CHAPTER 1

1

「領域」から「特別の教科」へ

▼中央教育審議会答申

答申の中で最も象徴的な文章は、次です。

> 多様な価値観の、時に対立がある場合を含めて、誠実にそれらの価値に向き合い、道徳としての問題を考え続ける姿勢こそ道徳教育で養うべき基本的資質であると考えられる。

道徳教育、とりわけ道徳の時間の指導の現状を巡っては、これまでも様々な課題が指摘されてきました。そのような中、平成二十六年二月に、中央教育審議会は、文部科学大臣から「道徳に係る教育課程の改善等について」諮問を受けました。そして、道徳教育専門部会を設け、繰り返し検討を行った中での文言の一つがこの文章です。

平成二十六年十月に答申がなされ、平成二十七年三月の学習指導要領の一部を改正する告示、平成二十七年七月及び、平成二十九年六月の「学習指導要領解説　特別の教科　道徳編」（以下、解説）につながりました。平成三十年度から小学校、翌三十一年度から中学校で全面実施です。児童が発達の段階に応じて学び、道徳的諸価値の理解を深めることが大切です。そして、児童は、それぞれの人生において多様で複雑な具体的事象に出会います。それらに対して、一人一人が多角的に考え、判断し、適切に行動するための資質・能力を養うことを目指すべきだ、とも述べています。「考え続ける」や「多角的に考える」などは、現在の道徳教育、道徳科でのキーワードの一つとなりました。

答申では、道徳に係る教育課程の改善方策を、主として六点挙げています。当然のことですが、これらは、どれも現在の新学習指導要領に生かされています。

①道徳の時間を「特別の教科　道徳」（仮称）として位置付ける
※答申の中では仮称でしたが、現在、答申どおりの名称となりました

②目標を明確で理解しやすいものに改善する
③道徳の内容をより発達の段階を踏まえた体系的なものに改善する
④多様で効果的な道徳教育の指導方法へと改善する
⑤「特別の教科　道徳」（仮称）に検定教科書を導入する
⑥一人一人のよさを伸ばし、成長を促すための評価を充実する

①が教育課程上の位置付け、及び名称、②が目標、③内容、④方法、⑤教材（教科書）、⑥評価の順に、道徳教育全体にわたり、改善の方策について述べてあります。

▼これまでの道徳授業の課題

学校教育における道徳教育は、道徳の時間を要として学校の教育活動全体を通じて行うものとされています。これまで、学校や児童の実態などに基づき、道徳教育の重点目標を設定し充実した指導を重ねることで、確固たる成果を上げてきたことは確かです。

しかし、一部には、課題とされていることもあります。例えば、次のようなことです。

・歴史的経緯に影響され、いまだに道徳教育そのものを忌避しがちな風潮があること
・他教科に比べて軽んじられていること
・特定の価値観を押し付けているような指導になっている例があること
・主体性をもたず言われるままに行動するように指導してしまう例があること
・読み物の登場人物の心情理解のみに偏った形式的な指導が行われる例があること
・主題やねらいの設定が不十分な単なる生活経験の話合いが行われる例があること

どれにも思い当たる節があるのではないでしょうか。授業時数の確保という課題に加え、どのように指導したらいいのか分からないということも原因として考えられます。

例えば、道徳の指導と国語の指導の違いが自覚できていない場合は、教材の場面ごとに主人公の気持ちを発問するなどということが多く見られるかもしれません。同様に、道徳の時間が、図らずも学級での問題を解決する時間になる場合もあったかもしれません。

いずれにしても、新学習指導要領では、そのような学習にならないようにしていくことが何よりも重要です。

今後の課題を一言で言うならば、「量的確保と質的転換」です。

なお、当然のことですが、その他の教科、領域などとの調和的な教育課程を編成するこ

とや実施、評価、改善することにも、十分配慮することが求められます。

▼「読む道徳」から「考え、議論する道徳」へ

先ほどの枠内にあるとおり、発達の段階に応じ、答えが一つではない道徳的な課題を一人一人の児童が自分自身の問題と捉え、向き合う「考える道徳」「議論する道徳」へと転換を図っていきます。

このようなことを言うと、これまでの道徳授業でも、考えていたし、議論もしていたと反論される方も多いでしょう。したがって、正確に言うなら、「これまで以上に考え、議論する道徳」にするということです。そのためには、教材の登場人物の心情ばかりを追いかける、いわゆる「読む道徳」にするわけにはいきません。

実際の日常生活は判断の連続ですし、直面する問題が道徳的な問題であることは少なくありません。ならば、道徳授業を生活指導にしないようにしながらも、後の実際の生活に生きて働く資質、能力を育成する学習にしていくべきです。

このような意味からも、今回の改訂の発端になったのが、いじめの問題への対応であっ

たことも見逃せません。

学校の道徳教育は、学校の教育活動全体を通じて行うものです。算数でも、総合的な学習の時間でも、給食、掃除でも、そして、休み時間においてもです。そのため、道徳教育は教育の中核とさえ言えます。とりわけ、「特別の教科 道徳」（以下、道徳科）を道徳教育の要として実効的に機能させることが欠かせません。

いじめの問題への対応の充実はもとより、身の回りの困難な問題に主体的、自覚的、協調的に行動できる確かな力を育てていく上で、道徳教育や道徳科の学びがその役割を果たすことが求められています。

児童が主体的、自覚的、協調的に生活できる確かな力、豊かな心と言える「よりよく生きるための基盤となる道徳性」を身に付けるためには、当然十分な計画と指導の工夫が必要となります。

そのため、先ほどの目標、内容、方法、教材（教科書）、評価等の諸計画に加え、学校の指導体制、家庭、地域等との連携など様々な見直しが求められます。

道徳科の学びを「要」として、学校の教育活動全体を通じてより確実に、より豊かに道徳教育を展開することが求められているのです。

2

目標の変更

▼道徳教育の目標と道徳科の目標

両者には、共通する部分があります。それは、

よりよく生きるための基盤となる道徳性を養う

ことです。最終の目標は同じです。

これは、前述した答申の枠内②に当たる「道徳教育の目標と『特別の教科　道徳』（仮称）の目標の関係を明確にすること」を踏まえたものです。それぞれ見てみます。

①道徳教育の目標

道徳教育は、教育基本法及び学校教育法に定められた教育の根本精神に基づき、自己の生き方を考え、主体的な判断の下に行動し、自立した人間として他者と共によりよく生きるための基盤となる道徳性を養うことを目標とすること。

②道徳科の目標

道徳教育の目標に基づき、よりよく生きるための基盤となる道徳性を養うため、道徳的諸価値についての理解を基に、自己を見つめ、物事を（広い視野から）多面的・多角的に考え、自己（人間として）の生き方についての考えを深める学習を通して、道徳的な判断力、心情、実践意欲と態度を育てる。

※（　）内は中学校

更に、よく似ている部分もあります。それは、「自己の生き方を考える」という点です。

道徳教育及び道徳科の目標は、その詳細を除き、最も単純化するならば、「自己の生き方を考え、よりよく生きるための基盤となる道徳性を養う」とも言うことができます。

教育基本法との関連を言うなら、解説の総則編にあるとおり、

・人格の完成を目指し、平和で民主的な国家及び社会の形成者として必要な資質を備えた心身ともに健康な国民の育成（第1条）

・幅広い知識と教養を身に付け、真理を求める態度を養い、豊かな情操と道徳心を培うとともに、健やかな身体を養う。（第2条第1項）

・個人の価値を尊重して、その能力を伸ばし、創造性を培い、自主及び自律の精神を養うとともに、職業及び生活との関連を重視し、勤労を重んずる態度を養う。（同条第2項）

・正義と責任、男女の平等、自他の敬愛と協力を重んずるとともに、公共の精神に基づき、主体的に社会の形成に参画し、その発展に寄与する態度を養う。（同条第3項）

・生命を尊び、自然を大切にし、環境の保全に寄与する態度を養う。（同条第4項）

・伝統と文化を尊重し、それらをはぐくんできた我が国と郷土を愛するとともに、他国を尊重し、国際社会の平和と発展に寄与する態度を養う。（同条第5項）

などがあります。道徳教育の目標や内容項目に関わる内容が非常に多く見受けられます。

▼道徳科の目標

道徳科の最終的な目標は、「よりよく生きるための道徳性を養う」ことです。道徳性とは、「人間としてよりよく生きようとする人格的特性」です。道徳科は、道徳性の中でも道徳性を構成する諸様相である「道徳的判断力、道徳的心情、道徳的実践意欲と態度」を養うこととしています。道徳科の直接の目標は、これらの諸様相です。諸様相に序列や段階があるというわけではありません。今回判断力が一番前になりました。考え、議論する、多面的・多角的に考えるなどは判断力に影響するからです。

> 道徳的判断力
> 道徳的心情
> 道徳的実践意欲と態度
> ＝
> 道徳性を構成する諸様相

＝

> ①一人一人の児童が道徳的価値を自覚する
> ②自己の生き方についての考えを深める
> ③日常生活や今後出会うであろう様々な場面、状況において、道徳的価値を実現するための適切な行為を主体的に選択し、実践することができる
> ・①②③をあわせた内面的資質のこと
> ・諸様相に序列や段階はない

①道徳的判断力

それぞれの場面において善悪を判断する能力

←

・人間として生きるために道徳的価値が大切なことを理解し、様々な状況下において人間として**どのように対処することが望まれるか**を判断する力

←

・道徳的判断力により、それぞれの場面において機に応じた**道徳的行為が可能**になる

②道徳的心情

道徳的価値の大切さを感じ取り、善を行うことを喜び、悪を憎む感情

←

・人間としての**よりよい生き方や善を志向する感情**

・道徳的行為への動機として強く作用する

③道徳的実践意欲と態度

道徳的心情や道徳的判断力によって価値があるとされた行動をとろうとする傾向性
↓
・道徳的実践意欲は、道徳的判断力や道徳的心情を基盤とし道徳的価値を実現しようとする意志の働き
・道徳的態度は、それらに裏付けられた具体的な道徳的行為への身構え

授業の中では、道徳的な判断力は、どちらかと言えば、知的、論理的な思考を必要とします。道徳的心情は、情緒的、感覚的な受け止めを大切にした展開をします。

道徳的実践意欲と態度は、あらかじめ道徳的判断力や道徳的心情を踏まえて育むのが一

最終的な目標

道徳教育の目標に基づき、
よりよく生きるための基盤となる道徳性を養う

↑

中心的な目標

道徳的判断力、道徳的心情、
道徳的実践意欲と態度を育てる

↑

学習方法

- 道徳的諸価値についての理解を基に、
- 自己を見つめ、
- 物事を（広い視野から）多面的・多角的に考え
- 自己（人間として）の生き方についての考えを深める学習を通す

般的です。しかし、評価のところでも述べますが、諸様相を分節して、児童一人一人の学習状況を観点別に捉えることは妥当ではありません。

道徳科の目標は、三つの部分に分けられます。

一つ目は、道徳教育の目標と共通の「最終的な目標」である「道徳性を養うこと」です。

二つ目は、道徳性の中心である「諸様相を育てる」ことです。これが、最終的な目標の手前の目標です。

そして、三つ目が、それらをかなえる学習方法が表現された部分です。

目標に学習方法が書かれているというこ

とは、そのことが、指導の趣旨や特質を述べていると捉えられます。

学習方法に書かれている四つは、「学習活動を支える要素」と言われ、濃淡はあっても道徳科の授業で行われる活動です。

同じ要素ですが、二番目に書かれている「自己を見つめる」ことと、三番目の「物事を（広い視野から）多面的・多角的に考える」ことの二つは、「道徳的諸価値についての理解」と「自己（人間として）の生き方についての考えを深める」ことを可能にするための方法、手段として捉えることが可能です。

道徳的諸価値についての理解
自己（人間として）の生き方についての考えを深めること

↑

自己を見つめること
物事を（広い視野から）多面的・多角的に考えること

④道徳的諸価値についての理解

三つの側面があることに注目します。価値理解、人間理解、他者理解です。

これからも何度か繰り返し書きますが、価値理解は、内容項目を人間としてよりよく生きる上で大切なことであると理解することです。

また、人間理解は、道徳的価値が大切だと分かっていても、なかなか実現することができない人間の弱さ、醜さ、不十分さなどを理解することです。

他者理解は、道徳的価値を実現したり、実現できなかったりする場合の感じ方、考え方が多様であることを理解することです。

道徳的価値に限らず、どんなことも、それそのものを理解するには、そうでない事柄も同時に理解しなければなりませんし、人によって理解に差があることも事実です。

⑤自己を見つめる

道徳的価値の理解において、自分との関わり、これまでの自分の経験やそのときの感じ方、考え方と照らし合わせながら、理解を深めることです。

また、自分のよさや弱さ、自分の中での理解や感じ方の幅にも気付きます。これらのことは、更なる自己理解や自己の生き方についての考えを深めることにもつながります。

⑥物事を（広い視野から）多面的・多角的に考える

様々な視点から、多様に考えることです。何が「多面的」で、何が「多角的」なのかは、様々な考えがありますが、一体的に捉えておいてかまいません。

学習指導要領によれば、「多様な感じ方や考え方に接すること」「多様な価値観の存在を前提にすること」「他者と対話したり協働したりすること」などが条件です。一般には、立場、場所、時間、行為、その他の条件などを変更して考えることを指します。

⑦自己の生き方についての考えを深める

文字どおり、自分がこれからどう生きていきたいかという考えを深めるということですが、道徳科の場合、その前提が二、三あります。

道徳的価値やそれに関する諸事象を自分自身に関わる問題であると受け止められるということ、自分の特徴などを知ること、そして、伸ばしたい自己の生き方に関わる思いや願いを強くもつ、深めるということです。

3 内容構成の変更

▼内容項目とは何か

内容項目は、児童が人間として他者とよりよく生きていく上で学ぶことが必要と考えられる道徳的価値を含む内容を、短い文章で平易に表現したものです。児童が道徳性を養うための手掛かりになるものと言えます。また、教師と児童の共通の課題であり、教育活動全体を通じて指導されるべきものです。このたびの改訂から、内容項目ごとにその内容を端的に表す言葉が付記されることになりました。

何が道徳的価値なのかということには、様々な考え方があるでしょうが、仮に、付記された言葉が道徳的価値に該当するとすれば、一つの内容項目に、複数の道徳的価値が含まれていると捉えることができます。そう考えれば、多いのは、「A―(1) 善悪の判断、自律、自由と責任」や「A―(5)希望と勇気、努力と強い意志」になるでしょうか。

▼項目数や視点の変更

各視点の名前及び視点の意味、そして、項目数は、表のとおりです。学年が上がるごとに数が増えます。中央教育審議会の答申にあった「道徳の内容をより発達の段階を踏まえた体系的なものに改善する」という指摘を踏まえ、上の学年段階から下の学年段階に下ろした内容項目が増えました。

内容項目の視点とその意味

A	主として自分自身に関すること
	自己の在り方を自分自身との関わりで捉え、望ましい自己の形成を図ることに関するもの
B	主として人との関わりに関すること
	自己を人との関わりにおいて捉え、望ましい人間関係の構築を図ることに関するもの
C	主として集団や社会との関わりに関すること
	自己を様々な社会集団や郷土、国家、国際社会との関わりにおいて捉え、国際社会と向き合うことが求められている我が国に生きる日本人としての自覚に立ち、平和で民主的な国家及び社会の形成者として必要な道徳性を養うことに関するもの
D	主として生命や自然、崇高なものとの関わりに関すること
	自己を生命や自然、美しいもの、気高いもの、崇高なものとの関わりにおいて捉え、人間としての自覚を深めることに関するもの

内容項目数

小学校一・二年：十九項目　小学校三・四年：二十項目
小学校五・六年：二十二項目　中学校　：二十二項目

増やしたということは、それが大切になったと捉えることができますから、道徳科の指導において重視することが求められます。

例えば、Aの視点では、低学年に新たに「個性の伸長」が増え、「自分の特徴に気付くこと」とされました。

Bの視点では、中学年に「相互理解、寛容」が増え、「自分の考えや意見を相手に伝えるとともに、相手のことを理解し、自分と異なる意見も大切にすること」とされました。

Cの視点では、低学年に「公正、公平、社会正義」が増え、「自分の好き嫌いにとらわれないで接すること」とされました。また、「国際理解、国際親善」が増え、「他国の人々や文化に親しむこと」とされました。中学年に「公正、公平、社会正義」が増え、「誰に対しても分け隔てをせず、公正、公平な態度で接すること」とされました。高学年では、これまで、「役割、責任」などと表現されていた「身近な集団に進んで参加し、自分の役割を自覚し、協力して主体的に責任を果たす」という趣旨を学校との関わりに関する内容に含め、「先生や学校の人々を敬愛し、みんなで協力し合ってよりよい学級や学校をつくるとともに、様々な集団の中での自分の役割を自覚して集団生活の充実に努めること」に改められ、「よりよい学校生活、集団生活の充実」になりました。二つのことが一つにまとめられたということです。

Dの視点では、高学年に「よりよく生きる喜び」が増え、「よりよく生きようとする人間の強さや気高さを理解し、人間として生きる喜びを感じること」とされました。これは、これまで中学校にあった内容項目です。中学校とのつながりを強くし、より発達の段階を踏まえた体系的なものに改善したのです。

視点の関係は、一般には、図のとおり、Aから順に同心円状に広がるイメージです。

誤解があってはいけませんので確認しますが、これは、まずは、自分自身のことを学習しなければ、人との関わりに関することを学習できないなどという指導の順番を示しているわけではありません。

実際の指導は、学校の重点目標、他の教育課程、内容項目の中において特に学習する内容、教材の特徴などに応じて、年間指導計画を適切に立案して行います。

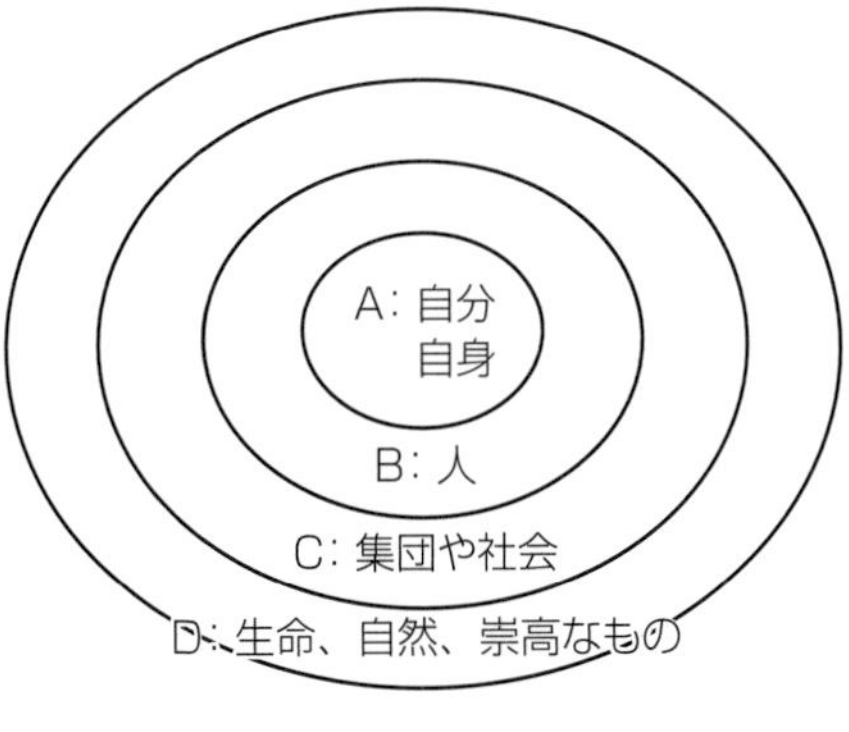

4

評価の変更

▼基本的な考え方

第1章では、児童に対する評価の基本的な考え方について述べます。学習指導要領「特別の教科　道徳」の中には、次のように端的に記述されています。

> 児童の学習状況や道徳性に係る成長の様子を継続的に把握し、指導に生かすよう努める必要がある。ただし、数値などによる評価は行わないものとする。

道徳科において養うべき道徳性は、児童の人格全体に関わるものであることから、数値などによって不用意に評価してはならないとされています。

児童の学習状況や道徳性に係る成長の様子を様々な方法で捉えて、個々の児童の成長を促すとともに、それによって自らの指導を評価し、指導の改善、授業の改善に努めることが求められていると言えます。

基本的な考え方を、順不同にて、箇条書きでまとめるとすれば、次のようになります。

【道徳性の評価】
・教師と児童との人格的な触れ合いによる共感的な理解が存在することが基盤
・児童の成長を見守り、努力を認めたり、励ましたりすることによって、児童が自らの成長を実感し、更に意欲的に取り組もうとするきっかけとなるような評価を目指すこと
・個人内の成長の過程を重視する

▼道徳科の評価

【道徳科の評価】
・どれだけ道徳的価値を理解したかなどの基準を設定することはふさわしくない
・道徳性の諸様相（道徳的判断力、心情、実践意欲と態度）のそれぞれを分節して、学習状況を分析的に捉える観点別評価は妥当ではない
・児童が学習の見通しを立てたり学習したことを振り返ったりする活動を適切に設定する中で、学習活動全体を通して見取る
・内容項目ごとではなく、大くくりなまとまりを踏まえた評価
・年間や学期といった一定の時間的なまとまりの中で把握
・成長を積極的に受け止め、認め、励ます評価
・記述により表現
・個人内評価

・道徳科の評価は調査書には記載しない。入学者選抜の合否判定に活用しない

【特に重要な点】
・学習活動において児童が道徳的価値やそれらに関わる諸事象について他者の考え方や議論に触れ、自律的に思考する中で、一面的な見方から多面的・多角的な見方へと発展しているかを評価
・道徳的価値の理解を自分自身との関わりの中で深めているかを評価

道徳科の内容項目は、道徳科の指導の内容を構成するものですが、内容項目について単に知識として観念的に理解させるだけの指導や、特定の考え方に無批判に従わせるような指導であってはならないとされています。

したがって、内容項目は道徳性を養う手掛かりという位置付けです。内容項目を理解したら道徳性が養われるということではありませんから、内容項目を理解したかどうかを評価することはないのです。

また、道徳授業のねらいの文末を「～しようとする判断力を高める」や「～する心情を深める」などのように記述することが多く見られます。他教科等と同じように考えるなら、他教科等ではねらいが達成されたかどうかを評価するため、評価の対象を「～しようとする判断力が高まったか」「～する心情が深まったか」などとするところです。

しかし、道徳科の場合は、たとえ、ねらいを前述のように設定したとしても、それが達成されたかどうかを評価することはしません。

それは、解説にあるとおり、「道徳性の諸様相である道徳的な判断力、心情、実践意欲と態度のそれぞれについて分節し、学習状況を分析的に捉える観点別評価を通じて見取ろうとすることは、児童の人格そのものに働きかけ、道徳性を養うことを目標とする道徳科の評価として妥当ではない」とするからです。

そこで、道徳科の評価の項目は、「評価の観点」ではなく、「評価の視点」という用語を充てるようにされています。「観点」というと観点別評価のように「諸様相の分析的な評価」と捉えられてしまう恐れがあるからです。

これらの基本的な考え方を受け、道徳科の授業において、どのように評価すればいいのか、その具体的な取組については、第5章後半で述べます。

第**2**章

「考え、議論する」道徳科授業の基礎基本

CHAPTER
2

1

教材を研究する

▼教材の開発と活用

教科書教材の活用について考える前に、学習指導要領において、教材の開発と活用について、基本的にどのように述べられているのか、まずは、確認しておきましょう。

> 児童生徒の発達段階や特性、地域の実情等を考慮し、多様な教材の活用に努めること。特に、生命の尊厳、自然、伝統と文化、先人の伝記、スポーツ、情報化への対応等の現代的な課題などを題材とし、児童が問題意識をもって多面的・多角的に考えたり、感動を覚えたりするような充実した教材の開発や活用を行うこと。（傍点筆者）

教科書は、傍点の付してある題材を必ず扱うこととなっています（「教科用図書検定基準（告示）の一部改正について」平成二十七年九月三十日）。手元の教科書には、どんな題材を取り上げた教材が掲載されているでしょうか。順に開きながら、例示されている題材に対応している教材を探してみるとよいでしょう。

なお、傍点は題材の例示であって、同じ「スポーツ」の教材でも、「A—⑸希望と勇気、努力と強い意志」を内容項目としている場合もあるでしょうし、「B—⑽友情、信頼」や「C—⒀公正、公平、社会正義」の場合もあるでしょう。

オリンピック・パラリンピックを取り上げている教材も少なくないでしょう。スポーツの教材には、競技をする人だけではなく、それを応援し支える関係者も含めて、誠実に、互いに協力し合う姿や、競技規則を遵守し、精一杯練習、競技・演技する強い精神力などが描かれます。しかも、結果が伴う場合だけではない、むしろうまくいかないことの方が多いその世界は、児童が自らの生き方を見つめる上でとても効果的な教材となります。

これまでの副読本の場合は、一つの教材を、授業によっては違う内容項目をねらいに設定して指導するということもありました。しかし、特別の教科になり、扱う内容項目に漏れを生じさせられないので、教科書が示した内容項目で授業することが求められます。

▼情報モラルと現代的な課題に関する教材の特徴と生かし方

このたびの教科書で特徴的なのが「情報モラル」と「現代的な課題」に関する教材です。

①情報モラルに関する教材

情報モラルについては、前回の改訂のときから、全ての教科、領域で扱うこととなりました。したがって、昨年度までの道徳の副読本でも必ず取り上げられていました。

重要な点が三点あります。

一つ目は、情報の意味する内容、対象は、必ずしも一般的に言うところの情報機器、コンピュータだけに限らないということです。新聞（学級新聞や係の新聞なども含めて）などの文字言語による情報発信や受信・解釈から、電子メールやＳＮＳ等の情報ネットワーク上の問題まで、そのモラルの対象は、非常に幅広いということです。したがって、いわゆる情報機器を巡る道徳的な問題は、学級内の壁新聞や掲示板にも同様に現れる問題だということです。特に、一般に、インターネット上の情報が人のプライバシーや人権等を侵害しているのではないかという問題が、実は、学級、学校の「壁新聞」にも見受けられる可能性が少なくないという気付きにつながります。

二つ目は、幅の広い情報モラルにおいて、やはり、情報機器を巡る問題、ネットワーク上の問題を積極的に取り上げた教材が多いということです。そのため、道徳科とはいえ、指導者自身がその問題状況を理解できる程度には、情報機器の取扱いなどを理解しておくことが必要になります。電子メールに表現されている内容が、文字及び絵文字による表現のため、必ずしも発信者の意図したとおりには伝わらないなどという定番の場面設定はもとより、動画投稿サイトへの発信や、児童がそれを見られるようになった現在は、児童を取り巻く世界が更に複雑で難しいものとなっていると言えます。

三つ目は、道徳科の授業の中で、状況理解や議論を深めるために、情報機器の疑似体験を取り入れるなど、スキル学習とは違った、「情報機器の授業への取り込み方」を工夫することが求められているという点です。人は、傷つけられることには敏感ですが、人を傷つけることについては無自覚なところがあります。知的に分かることと、道徳的、情的に納得できることは別物のため、実感として理解、納得できるような教材、教具の工夫が求められています。ただし、繰り返しになりますが、スキル学習ではないため、例示や問題提起及び道徳的価値理解としての情報機器の活用などが中心となると考えられます。

②現代的な課題に関する教材

道徳的価値が現代社会に見られる様々な事象や問題、課題につながっています。現代的な課題を取り扱う様々な「○○教育」があり、それらについても、道徳科において指導の一端を担うことになります。

例えば、次のような教育です。

食育、健康教育、消費者教育、防災教育、福祉に関する教育、法教育、社会参画に関する教育、伝統文化教育、国際理解教育、キャリア教育

持続可能な発展を巡っての問題について、解説では、「環境、貧困、人権、平和、開発」などが例示されています。

教科書に取り上げられている教材は、環境を主たる題材として取り上げながら、食育や消費者教育としても指導できるようにしているものなど、一つの教材に複数の特徴をもたせていることに留意が必要です。

更に、解説でも触れられていますが、「障害を理由とする差別の解消の推進に関する法律（平成二十五年）の施行」を踏まえた学習や「主権者として社会の中で自立し、他者と連携・協働しながら、社会を生き抜く力や地域の課題解決を社会の構成員の一員として主体的に担う力を養うことも重要な課題」となっています。

教材の特徴は、児童の日常生活を描いた「生活文」の場合が多いですが、それ以外にもノンフィクション、ドキュメンタリー的な扱いの教材、また、現代的な課題や持続可能な発展に関する問題に取り組んだ人物の伝記教材などもあるでしょう。児童にとって、理解が難しい内容の場合には、補助資料が必要なことも少なくありません。児童によって興味・関心の差が大きくなることもこれらの教材の特徴です。

また、時事的な教材の場合は特に、教材の適切性が問われることがあるかもしれません。学習指導要領には、「多様な見方や考え方のできる事柄を取り扱う場合には、特定の見方や考え方に偏った取扱いがなされていないものであること」としており、教科用図書以外の教材を使用するに当たっては、「学校における補助教材の適切な取扱いについて」（平成二十七年三月四日付け、文部科学省初等中等教育局長通知）など、関係の法令等の趣旨を十分に理解した上で、適切に使用することが重要だとしています。管理職や教育委員会などの指導助言なども得ながら、教材開発することが必要です。

▼始めよう教材研究

①形式

解説には、教材形式として「伝記、実話、意見文、物語、詩、劇」などが例示されています。多様な形式の教材を用いることにより、道徳科学習を効果的に実施できると考えるからです。

それぞれに教材研究のポイントがあります。形式に着目して考えてみます。

伝記　：・ある程度史実などを研究するが、授業で情報を出しすぎない。教えすぎない
　　　　・生涯全体を扱わない。ねらいに即した部分を中心に研究する

実話　：・人間としての強さ、尊さ、印象深い事実を中心に研究する
　　　　・人間としての弱さ、醜さも同時に研究し、対比して授業をできるようにする

意見文：・主張点を明確にする。あれもこれもではなく、主張点と理由に焦点化する

・逆の立場を取り上げるなど、一方的な意見のみを扱わないようにする

物語……・場面展開を単純化して捉える。人物の役割（誰が道徳的価値を実現しているのか、誰が実現できていないのか、助言者は誰かなど）を捉える

・出来事の「起承転結」ではなく、道徳的価値の「起承転結」を捉える

詩……・児童の理解が難しい言葉、概念などを簡潔に捉える

・情報量の少なさを補う、補助資料などを研究する

劇……・どこをどう身体表現化（動作化、役割演技、劇化）させるのか研究する

・提示の仕方の工夫（紙芝居、ペープサート、場面絵など）を研究する

②内容項目

「教材から内容項目を読む」あるいは、「内容項目から教材を読む」ということが第一です。誰のどの場面のどのような行為や心情に内容項目に含まれる道徳的価値が表れているのかを明らかにします。それは、同時に、道徳的価値が実現されていない行為や心情を明確にすることでもあります。何かが分かる、理解できるというのは、その反対を理解できること、似て非なる状況や心情を理解できることです。

席を譲るという行為一つとっても、譲れる人と譲れない人には、それぞれの考えがあって、単純に「譲る人が思いやりのある人で、譲れない人はそうではない」というものではありません。立場や思いが違えば、当然、行動も違ってきます。

したがって、「教材から道徳的価値（価値理解、他者理解、人間理解）を読む」ことは、欠かせない作業です。また、道徳教材には、道徳的価値の実現を促す「助言者」が出てきます。誰がどのような助言をしているのかも、内容項目に係る教材研究の一端です。

なお、内容項目には、複数の道徳的価値が含まれていることから、内容項目の中のどの部分、どの道徳的価値が教材に含まれているのかを明確にします。

同様に一つの教材には、複数の内容項目が含まれています。内容項目同士を混同しないように、かつ、複数の内容項目、あるいは道徳的価値の関連を捉えることが必要です。ある場面の行動や心情から「相手に礼儀正しくするという行為は、相手を思いやる気持ちが支えている」などと関連を理解することがあります。

③教材研究の方法

題材と教材の違いや、教材の形式、内容項目及び道徳的価値などを明確にできれば、おおおむね教材研究のベースは終わっています。しかし、教材研究が単なる教材理解、解釈にとどまってはなりません。教材研究の中心は、指導（ねらい、内容、方法など）につながる研究です。主に、三点のポイントがあります。

ア　主たるねらい

教材はある程度、ねらいに係る諸様相のうち、一つか二つを想定してつくられています。例えば、「主人公をこの場面で迷わせることによって、児童に『道徳的判断力』を育てたい」というようにです。

有名な教材に「手品師」があります。男の子との約束を守るか友人からの大劇場への誘いを受けるかで迷う場面は、一般には「道徳的判断力」を養うことを想定していると解釈できます。もちろん、判断を踏まえた上で更に学習を進め、心情や態度などを養う授業にすることも十分意味のあることです。だから教材と諸様相は一対一対応にはなりません。

イ　主たる教材活用

同様に、教材活用の大枠を捉えるという意味で、これまでも、いくつかの教材解釈がありました。例えば、教材を「感動教材」とか「知見教材」「範例教材」「批判教材」などと分類する考え方です。一読で感動に誘う教材を、知的・論理的に考え、議論する授業には仕立てづらいし、新たな知識や理解を紹介している教材は、児童がそれ自体を理解できるように展開を工夫することが欠かせません。

特に、知見教材については、先ほどの形式のところでも述べたように、教師が調べれば調べるほど授業で「教えたくなる」ため、必要な範囲内で取り扱う慎重さが必要です。

ウ　主たる学習方法

「質の高い多様な指導方法」が、道徳科ではキーワードとなっています。「読み物教材の登場人物への自我関与が中心の学習」「問題解決的な学習」「道徳的行為に関する体験的な学習」の三つが授業イメージとして例示されています。

自我関与を中心に扱うのか、問題解決的に扱うのか、役割演技を中心に扱うのかなど、主たる学習方法を考えることが必要です。

どの学習方法を中心にするにしても、児童の「主体的な学習」が重要ですから、課題意識や授業の見通し、振り返りなどは欠かせません。

なお、例示されている三つの授業イメージは、それぞれが独立しているわけではないため、極端な話、授業全体は問題解決的な学習過程にし、登場人物に自我関与させながら、役割演技中心の授業を行うことは可能です。例えば、「手品師」なら、学習課題として

「誠実に生きる上でどんなことが大切なのか、考えを深めよう」を提示し、迷う場面に自我関与し、電話で断りを述べる場面を役割演技する展開などです。

「手品師」だとすると、例えば、左表のポイント1と2には特に該当しませんから、意識する必要はなさそうです。3は物語（しかも、フィクションで場面設定としてはかなり日常生活から遠い内容）、4は「正直、誠実」のうち「誠実」に関係、5は道徳的判断力、6は範例（あるいは感動）教材として扱う、7は先ほど述べたとおり、三つの方法を融合した形で授業化したい……などのような認識をもつことが教材研究です。これらは、当面の決定であり、授業化に当たり、その後様々に工夫していくことになります。

ポイント1　題材の種類
生命の尊厳、自然、伝統と文化、先人の伝記、スポーツ、情報化への対応等の現代的な課題
ポイント2　横断的教育との関連
食育、健康教育、消費者教育、防災教育、福祉に関する教育、法教育、社会参画に関する教育、伝統文化教育、国際理解教育、キャリア教育
ポイント3　教材形式
伝記、実話、意見文、物語、詩、劇、など
ポイント4　内容項目
道徳的価値、行為・心情、複数（教材から内容項目を読む）
ポイント5　ねらい
道徳的判断力、道徳的心情、道徳的実践意欲と態度（諸様相）
ポイント6　教材活用
感動教材、知見教材、範例教材、批判教材、など
ポイント7　学習方法
読み物教材の登場人物への自我関与が中心の学習、問題解決的な学習、道徳的行為に関する体験的な学習

・以上を確認した後、具体的な授業づくりを行う

・発問づくり
・学習展開（導入・展開・終末）
・教材提示や具体的な手立て
・板書計画　など

2

発問を考える

▼発問の機能

> 発問は、児童が自分との関わりで道徳的価値を理解したり、自己を見つめたり、物事を多面的・多角的に考えたりするための思考や話合いを深める上で重要である。

解説で述べられている文言です。一言で言えば、「思考や話合いを深める」ための「問いかけ」が発問ということになります。逆に言えば、分かりきったことを確認するための教師の発言は、発問ではないわけです。深める対象は思考や話合いですが、その内容は、

・自分との関わりで道徳的価値を理解する

・自己を見つめる
・物事を多面的・多角的に考える
ことです。

どれも、道徳科の目標にある文言です。

一つ目の、「道徳的価値の理解」は、一般的には、三つの側面があります。繰り返しになりますが、一つ目が価値理解、二つ目が他者理解、三つ目が人間理解です。それらをもとに、自己を見つめることにより、「自己理解」を深めます。

価値理解は、行為や心情の善し悪しはもとより、なぜ善いか、なぜ悪いかという道徳的価値の価値たる理由や根拠、具体的な行為や心情を理解することです。また、価値には相反するような価値があるように見えることなどが分かることです。他者理解は、その理解が人によって様々であること、人による価値実現にも様々な行い方があることなどが分かることです。更に、人間理解とは、その行為や心情が善いと分かっていながらも、人間は、なかなかできない弱さなどをもっていることが分かることです。更にその弱さなどを乗り越えて、価値実現を図ることができる強さや尊さももっていることが理解できることです。

▼発問の性質

同様に解説には、発問のもつべき性質の例示として、「考える必然性がある」「考えたくなるような切実感がある」「自由な思考を促す」「物事を多面的・多角的に考えることができる」などが挙げられています。

「必然性がある」発問は、問題意識や学習課題、または、学習の見通しに位置付いていることを指しています。端的に言えば、「問われて違和感がない」「ちょうど考えたいと思っていた」という児童の意識に沿っている発問です。

「切実感がある」発問は、自分自身との関わりが強い、自分の日常生活での課題や困難を解決に導きそうだ……などを指しています。児童の意識で言えば、考えたいというより「考えざるを得ない」「切羽つまっている」という感覚でしょうか。

「自由な思考を促す」発問は、誰もが反応できるような発問ですから、経験や好悪などを問う場合や、理由などとあまり関連付けなくてもよい場合も含まれます。

「多面的・多角的に考える」発問は、まさに道徳科の目標に書かれている「学習活動」

の中心となるものです。

それぞれについて逆の性質をもっていないか、例えば、「必然性がない」「切実感がない」「自由な思考が促されない」「一面的にしか考えられない」になってはいないかを考えることも、発問づくりの視点にできるでしょう。

「手品師」で「誠実に生きるということについて考えを深めよう」という学習課題を立て授業を仕組んだとしましょう。

その中での中心発問として、「手品師は、どのような思い（理由）から『友人からの誘いを断り、男の子との約束を守った』のだろうか」という発問をすると、友人から大劇場への誘いを受けたとき、それを受けるかどうかを考えることは、「誠実に生きる上で重要な場面」だと児童も自覚できますから、「必然性」があることになります。

また、児童は、「手品師がどちらを選ぶか」を自分事のように感じながら読んでいる上に、一般的には選ばないであろう「男の子」を選んだということから「考えざるを得ない」と言えます。もちろん、どのような思い（理由）を想定するかは、児童の任意ですから「自由な思考が促され」ます。その思い（理由）を「友人の立場」「男の子の立場」双方から考えさせるなら、「多面的・多角的に考える」ことも促されます。

▼発問の種類

解説には、前項の「発問の性質」以上の細かな種類についての記述はありません。最も有名で多くの実践者のよりどころになっていると思われるのは、東京学芸大学教授の永田繁雄先生の発問の類型（共感的発問・分析的発問・投影的発問・批判的発問）です。それらも入れながら種類を考えてみましょう。

①登場人物はどんな気持ちでしょうか

最も使用頻度が高いのは、ご存じのとおり、登場人物の心情を問う発問です。「共感的発問」などと呼ばれます。

②～したのは、どのような考えからでしょうか

次に多いのは、行為の理由を問う発問ではないでしょうか。「なぜ……」「理由は何でしょうか」などと問う場合もあります。「分析的発問」などと呼ばれます。

③あなたならどうしますか、どう感じますか

①②とよく似ていますが、「あなたなら」と問われれば、一層自分事として、また、切実感をもって考えることができるでしょう。人の気持ちや立場を想像したり、考えたりすることに困難さをもつ児童は、「あなたなら……」と問われると考えやすくなります。「投影的発問」などと呼ばれます。

④登場人物の～したことをどう思いますか

よいとか悪いとか、また、どの程度よいのかとか、その理由とともに考えさせるという発問です。判断とその理由を大切にする授業になります。また、選択や判断よりもその根拠、理由を共有して、「それをどう思うか」という発問が続くことが少なくありません。「批判的発問」などと呼ばれます。

私は、①②は、読み物教材の登場人物の立場になって考えるので、「内側発問」と呼んでいます。また、③④は、人物を対象化して（自分とは違う、自分とは距離があるものとして）思考するため、「外側発問」と呼んでいます。

また、①～④は、全て教材に即して考えるので、「教材内発問」とまとめて呼ぶことが

可能だと考えます。

⑤親切ってどんなことを大切にしたらよいのでしょうか

「教材内発問」があるということは、「教材外発問」があるということになります。これは、展開後半に使われることが多い発問の種類です。教材の場面や状況から離れてねらいや内容項目について直接考えるものだからです。

これらは、道徳的価値の解釈、定義などを児童自らが行うものになります。例えば、「親切と不親切の違いは何だろうか」や「親切とお節介はどう違うのか」など、当てはまらないことやよく似たことと比べて考えることもあります。

したがって、児童の価値解釈（再解釈、再定義など）を問うことになりますから、「価値発問」とか「主題発問」などと呼ぶことができます。「教材外発問」は、一般的に「価値発問」と言うことができます。

⑥礼儀と思いやりにはどんな関係があるでしょうか

「価値発問」には、更に、道徳的価値同士の関係を考える発問があります。

そもそも人の行動や心情は一つの道徳的価値から動機付けられるものではありません。相手に礼儀正しくすることは、単なる所作だけではなく、その内側に相手への思いやりの心があります。それぞれは違う内容項目にまとめられていますから、一つの授業で双方を同時に扱うようなことは少ないだけに、重要な発問として取り上げることもあります。

複数の価値の関係について考えるため、「価値発問」という呼び方に加え、「価値間発問」と呼ぶことも可能です。

⑦今日学んだことから考える、これまでのあなたのよさやこれからの課題は何ですか

「振り返り発問」と呼ばれることのある発問です。学習段階としては、展開後半にまとめて行うことが多いですが、展開前半において教材発問をしている最中に、「今考えていることからすると、今のあなたはどうですか。あなたのよさや課題はありますか」などと、横道にそれるようにして、随時触れることもないわけではありません。

⑧○○したことはありますか。そのときどのようなことを感じましたか

導入で行われることが多い発問です。道徳的価値への関心や授業への参加意欲、教材への興味を高めるなどの目的があります。終末にも、同様の発問をすることがあります。展開で学んだ道徳的価値の理解を踏まえて、「今日授業で大切だと考えた○○をこれまでの生活でしたことはありませんか」などとする場合です。

これら以外にも、多くの研究者や実践者から様々な発問例が提案されています。

私は、「問い返し」を重視していますから、児童の発言をいくつかの種類に分類した後、「どれが○○ですか」と再思考させることが少なくありません。○○には、善悪、好悪、実現可能性、納得度などが入ります。違いに着目させる問い返しです。

逆に「共通点」を問い返すことも効果的です。様々な考えに共通しているものには、一般化できる価値ある考えが多いからです。

また、多面的・多角的に考えることを重視する道徳科では、人の立場（相手の立場から考えたらよいですか）や空間（学校以外でも通用するでしょうか）、時間（いつでもダメだと言えますすか）、条件（もしも、○○ならどうですか）などを変えて考えさせることが効果的です。

また、分かりきったこと、自明のことだとされていることを「あえて疑う（そもそも主人公がしたことは正しいのか）」などの問い返しもあります。

ただし、注意が必要なのは、「問い返し」を多用しないことです。児童の発言のたびに問い返すと、自ずと教師主導の授業になる上に、一部の児童しか学べない授業、発言の「空中戦」になってしまうことが多いからです。「問い返し」は、思考を深めるための「ワンポイント発問」と考えることが重要です。

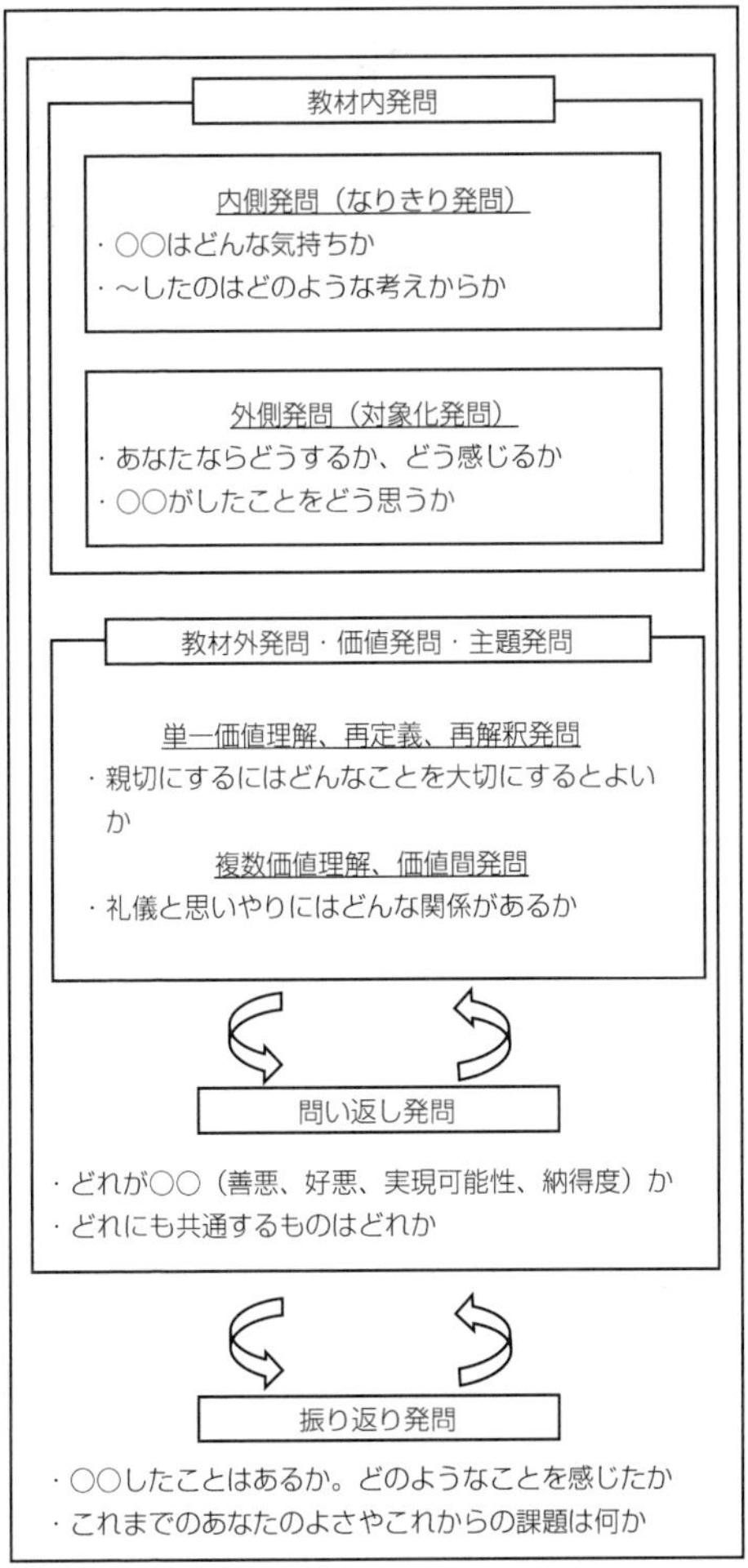
教材内発問
内側発問（なりきり発問）
・○○はどんな気持ちか
・～したのはどのような考えからか
外側発問（対象化発問）
・あなたならどうするか、どう感じるか
・○○がしたことをどう思うか
教材外発問・価値発問・主題発問
単一価値理解、再定義、再解釈発問
・親切にするにはどんなことを大切にするとよいか
複数価値理解、価値間発問
・礼儀と思いやりにはどんな関係があるか
問い返し発問
・どれが○○（善悪、好悪、実現可能性、納得度）か
・どれにも共通するものはどれか
振り返り発問
・○○したことはあるか。どのようなことを感じたか
・これまでのあなたのよさやこれからの課題は何か

3

板書を考える

▼板書の機能

一般的な機能は、①教材、②学習の過程、③児童の思考、反応、④教師の伝えたい内容などをとりまとめて「提示」したり「記録」したりすることです。また、それらを通して、最終的には、⑤児童の思考や話合いを深めるようにするという機能があるでしょう。

したがって、様々な情報を混在させますので、まずは、児童にとって読みやすく分かりやすい板書にすることが大切です。

①教材

教材の代表として板書に位置付けられるのは、場面絵とセンテンスカードです。

映像や語り聞かせ（音声言語のみ）、紙芝居、ペープサートなど文字ではない教材提示の場合には、特に、教材の一部分を絵や言葉で黒板に位置付けることが必要です。教師は、何度も教材を読んでいますが、児童は原則一回聞くだけで学習を進めなければなりません。児童の反応が十分ではない原因の一つが、教材内容の理解不足であることが少なくないでしょう。教師の想像以上に児童は教材の内容理解ができていないのが実態です。

したがって、板書上で、いつでも教材の概要を見直すことができるようにすることは、全ての児童にとって、また、学習に困難さのある児童には特に必要だと言えます。

②学習の過程

学習の過程や展開をまとめるのが板書の主たる機能です。

通常「学習課題」「学習の見通し」「経過」「結果」が記述されます。学習課題に応じて、学習の経過や結果がつながっていくようになります。そのほかに、道徳科の量的確保をかなえるため、「第○回　道徳科授業」などが掲示される場合も少なくありません。

また、道徳科授業で、問題解決的な学習が推奨されることになってから、特に、学習課題を板書することが増えてきました。

学習に困難さがある児童には、学習の見通し、手順（教材を読む、登場人物の気持ちや行動を考える、自分の生活を考える、まとめを書くなど）をあらかじめ知らせておくことは効果的な支援です。

また、学習の過程については、過程それぞれのつながりが分かりやすいことが重要です。縦書きのことが多いので、通常は、右から左に向かい、時間的な経過に沿ってまとめることが分かりやすさの基本となります。

③児童の思考、反応

学習の過程には、児童の思考、反応が位置付けられます。

音声言語は、消えてなくなりますから、教師が大切なところを取り上げ記録することになります。何をどう取り上げ、どのように黒板に書くのかが授業の進め方に大きく関係しますので、教師の力量が反映されます。

また、児童が自分の考えを直接黒板に書くこともあります。その場合は、黒板が児童のノート（記録）及びプレゼンテーション（表現）の機能の双方をもつことになります。内容をどう分かりやすく書くかはもとより、教室のほかの児童にどう分かりやすく示すかが重要になります。そのため、日頃からの積み重ねが大切です。

④教師の伝えたい内容

板書には、教師の伝えたい内容が位置付けられます。これがねらいを達成するための大切な役割を果たしますから、児童の思考や反応を踏まえて、児童の納得が得られるように提示することが重要です。教師の考えを一方的に板書して、それが唯一の考えであるような書きぶりや示し方にならないようにすることが求められます。特に、道徳科では、多面的・多角的に考えることが重要だからです。

⑤児童の思考や話合いを深める

これは、①～④を踏まえた上での機能です。板書の目的と言うこともできるでしょう。①～④が板書上に「あるもの」なのに対して、⑤は板書が児童に「働きかけるもの」と言えます。前者が静的な捉えであるのに対して、後者は動的な捉えでもあります。

したがって、児童の思考や話合いを深めることを目的として、①～④を配列、構成すると解釈するとよいでしょう。

思考や話合いを深めるために、位置付け方の軽重や大きさ、色などが変わってきます。児童の思考や発言に即して、貼付したものを実際に動かして児童に分かりやすいように並べ直すなど、まさに動的な板書にすることもあります。

▼板書のポイント

板書する上でのポイントは、①適切に見えること、②深く考えられることの二点です。②については、考えるきっかけや関心を高めるなど「深く考える」ための前提になることも含めてのポイントと言えます。

①適切に見える

そもそも黒板の字や貼付物が読めないと学習になりません。外の光が反射して教室の端の児童から見えづらかったり、字が小さくて遠くからは見えなかったり、赤や青のチョークが見えづらかったりすることがないようにします。よく見えない児童は思ったよりも多いものです。

参観日などの公開授業や学校の授業研究などでは、場面絵やセンテンスカード、それに代わる短冊黒板などが、所狭しと黒板に位置付くことが少なくありません。情報過多が逆に理解を妨げることがあるので注意が必要です。すっきりと分かりやすい板書になるように配慮したいものです。

そのためにも、授業者は、ねらいに応じて、その学習において何が重要で何が重要でないのかについての見極めができることが必要です。

②深く考えられる

機能のところでも少し触れましたが、児童が深く考えられる、あるいは話合いが深まるというのには二つの意味があります。一つは「多面的・多角的に考えることができるか」、もう一つは「自分事として考えることができるか」ということです。双方とも、道徳科の評価の視点です。この二点を達成できるように板書を工夫します。

双方とも、発問や問い返しなどで「○○さんの立場から考えてみましょう」や「自分と比べながら考えてみましょう」などと直接「考える視点」を板書することが基本です。問いを板書して、「今、何を、どう考えるのか」を明示することが大切です。もちろん、全ての発問を書く必要はありませんが、中心発問や思考のポイントを書くことは欠かせないでしょう。

その際、ただ「多面的・多角的」や「自分事として」などと問えば、そのように考えることができるわけではありませんので、板書での提示や、特に発言の整理の仕方などが重要になります。そのためには、次の二つが重要です。

③対比的、構造的

「多面的・多角的に考えることができる」ようにするためには、一般には、児童の発言を分類してまとめることが必要です、全ての教師が、様々な教科、領域で行っていることを道徳でも行うということです。分類の仕方には、多くの方法があります。

同じような意見を意識的にまとめて書く場合が通常ですが、道徳科の場合、道徳的によい（と児童が考える）意見から不十分な（と児童が考える）意見の順にまとめて並べることや、実現しやすい行動から実現しづらい行動の順にまとめる、道徳的価値（内容項目）ごとにまとめるなど、その後の検討が行いやすいように整理するのが効果的です。

そのため、それらのまとまりを「対比的に左右や上下に配置」したり、最も大切な（と児童が考える）意見を中心に書いて、それ以外を周りに配置（構造的板書と言うこともあります）したりすることが、後の考えを深める話合いなどを行う上で効果的な場合が少なくありません。

児童が発表した内容を、発表した順番に（順接的にと言うこともあります）板書することも当然必要ですから、「対比的」「構造的」な板書と区別しながら、メリハリのある板書整理を心掛けます。

板書がうまく機能して、深い話合いになり、児童がよく考えることができるようにするためには、「縦書き」の中に「横書き」を入れ込んで強調することも効果があります。横書き中心の板書をしている人は、縦書きを意図的に入れ込み、強調することで深い学びを実現しやすくします。

④ハイライト化、ブラインド化

児童が板書の重要なところに「自然に注目できるようにする」ことが大切です。それを内容面でかなえるのが、前項の対比的、構造的なまとめ方です。

また、板書や提示物などに形式面で注目させるためには、強調して表示すること（ハイライト化）、隠して表示すること（ブラインド化）が一般的です。

ハイライト化とは、色や大きさ、記号などで強調することを指します。児童は、○で囲んでおいたり、下線を引いたり、目立つ色で書けば注目します。一部分をアップにすることも同じ意味で効果的です。逆に、隠されていることが分かれば、何が隠されているのか考えようとします。あらかじめ何かで隠したりスペースを空けておいたりすれば、着目してしまいます。ハイライト化もブラインド化も簡便な板書表示として効果があります。

もう一つ「フェイク（ダウト）を入れる」という板書もあります。しかし、学びに困難さがある児童に対しては、注意が必要です。板書前に「この中に、間違った内容が一つありますから見付けてみてください」と告げるのであれば問題ありません。クイズのような楽しみがあります。しかし、通常どおり自然に提示しておいて、後から、「実は、間違いを入れていたのです」とやってしまうと、理解内容の修正ができないことがあります。

以上のことから、板書のポイントをまとめるならば、児童は、黒板に文字が位置付けられる場所や順序、色、大きさなどに応じて、その意味を解釈しようとしますから、その傾向を一層活用、伸長することが重要だということです。

例えば、黒板に「よく似た考え」や逆に「違う考え」を上下や左右に並べて書くと、「どこが同じなのか」や「どこが違うのか」などに児童の関心を向けやすくできます。もちろん、その関心の高まりに、児童自身が無自覚な場合が多いですから、教師は、上下や左右に並べた内容について、児童に適切に考えさせることが必要になります。「どこが同じで、それはなぜだろう」とか「どうして違うのだろう」などと問い返すことによってです。

また、順接的に考えが並べば、並列なのか、時系列なのかというように解釈するでしょうから、「このないくつかの考えがある（並列）」や「このように考えが変化してきた（時系列変化）」と解説を加えることが求められるでしょう。

同様に、色や文字の大きさが違えば、「黄色で書いてあることは、注意が必要だ」「大きな字で書いてあることは大切な内容だ」などと解釈します。

したがって、色や大きさについては、教師と児童の間で、一定の解釈が共通理解されていることが求められます。

全ての教師が、各教科、領域で行っている板書のルールについて、道徳科においても再度意識的に取り組むことが求められていると言えます。

4

導入や終末にひと手間かける

▼導入

解説によれば、導入は、主題に対する児童の興味や関心を高め、ねらいの根底にある道徳的価値の理解を基に自己を見つめる動機付けを図る段階であり、主題に関わる問題意識や教材の内容に興味や関心をもたせるものである、と述べられています。

①主題への興味や関心、問題意識

主題とは、ねらいと教材で構成されたもので、当該授業を児童にも分かる端的な言葉で表現します。例えば、「友達と仲よく」とか「仲よくするために」などです。おおむね板書で示され、「友達と仲よくするためには？」のように「問いかけ」にする場合もあります。これらのような表現に見られる事柄への興味や関心を高めるようにするのが導入です。

②自己を見つめる動機付け

導入では、主題への興味や関心を高めるだけでなく、あわせて、その主題を鏡にして「今の自分はどうか」などと自己を見つめるきっかけや動機をもたせます。だから、「友達と仲よくできていますか」とか、逆に「友達と仲よくできないときはどんなときですか」などと問い、自分の生活や経験、考え方などを振り返るようにすることが多くの授業で見られるのです。

③具体的な方法

単に、教師の言葉で尋ねるだけでは導入の目的を達成するのが難しいこともあります。そこで、具体的に様々な方法があります。

まずは、主題に関する出来事や考え、あるいは、振り返った「児童の具体的な姿や意見」で提示するものです。自分たち自身の身近なことなので自ずと関心が高まります。

例えば、「友達と仲よくできる遊びベスト10」「友達とけんかになったきっかけ」「自分は友達と仲よくできるタイプかできにくいタイプか」などを事前にアンケートするなどです。個人の作文や日記を提示することもよく行われています。

ひと手間かけるという観点からすると、行事や出来事の画像や映像を編集して提示したり、ほかの学年や学級との意見の違いや公的な実態調査と学級の実態との違いなどを分析的に示したりするなどもあるでしょう。

また、個人的に抵抗が少ない内容であれば、その場で手を挙げさせたり、発表させたりするのも効果があります。事前準備の時間が省ける上に、目の前でのアンケートなので真剣味が増します。

次に、教材の内容への興味を喚起する方法を通して、主題や自分見つめも同時に行う方法です。これは、多くの授業者の得意とするところでしょう。

例えば、教材の一部分、場面絵や印象に残る言葉や文章、題名を提示する方法です。先ほどのように「ハイライト化」「ブラインド化」「フェイク（ダウト）を入れる」「アップにする」「ルーズにする」なども教材の一部を提示する上でひと手間かける手段です。

また、場面絵を提示して、その内容を予想させると同時に、自分の生活や自分がその絵の人物ならどんなことを考えるだろうかなど、教材や主題に対する考えを出させることも一般的です。また、全く別の教材や資料（一般に言うところの補助教材）を提示することも少なくありません。

なお、場面絵を二つ同時に提示し、その違いや共通点、自分との関わりを考えさせるなどして、いつの間にか、教材の一部を理解していたり、場合によっては、学習課題や中心発問を考えていたりすることもあります。

ひと手間かけるとは、一般に「時間をかける」や「準備する手のものを多くする」などを指します。しかし、実際の効果を考えるならば、後の授業展開と導入との関連を一層明確にするとか、ねらい達成の上での導入の役割をより綿密にするとも言えるでしょう。

導入の目的

①主題への興味や関心、問題意識

②自己を見つめる動機付け、きっかけ

③教材の内容への興味や関心

↑

・児童の具体的な生活の姿、考え方の提示
　アンケート、実態調査、他の調査などとの比較
　ビデオ、画像、日記や感想、他者の手紙、働きかけ

・教材の内容の提示
　一部の提示（場面絵、言葉、文章、補助教材など）
　一部の変更（ハイライト化、ブラインド化など）

したがって、導入の実時間は短いけれども、ねらいの達成や展開の充実に資することが重要です。何よりも、主題や教材への興味、問題意識、自己を見つめるためのきっかけにするという導入の目的から外れないようにすることが欠かせません。

▼終末

①ねらいの根底にある道徳的価値に対する思いや考えをまとめる、②道徳的価値を実現することのよさや難しさを確認する、などを通して、③今後の発展につなぐ、と解説には書かれています（番号筆者）。終末の機能や内容を分かりやすくまとめています。

通常、展開の後半で、自己の生き方についての考えを深めることや、道徳的価値の理解などを終えていますので、それらの授業の成果を踏まえた上での①及び②となります。児童自身の授業評価（主として内容評価）と言うこともできます。一般に、道徳ノートなどを使っての書く活動やペアで考えを交流する活動などで行います。

更に、④児童自身が授業方法や活動の評価を行うこともあります。これは、「いろいろな友達の意見を聞いて考えたか」とか「自分のこととして考えたか」など、他教科と同じような内容で行うことができます。

これらの終末の活動にひと手間かけるとすれば、年間、学期、あるいはほかの道徳科の時間との関連やつながりで①や②を行ったり、④を重ねたりすることです。同じ内容項目を扱ったほかの道徳科での学びや終末と比べるようにしたり、年間を通じてメモしているページに新たな記述を付け加えたりすることなどを行います。終末の板書の一部を教室の掲示（累積掲示も含め）に付け加えるなども行われています。

なお、①②の思いや考えなどの表出、確認は、道徳科の趣旨の一つである「考え、議論する」や「答えが一つではない道徳的な課題を一人一人の児童が自分自身の問題として捉

終末の目的

①ねらいの根底にある道徳的価値に対する思いや考えをまとめる
②道徳的価値を実現することのよさや難しさを確認する
③今後の発展につなぐ
④授業方法や活動の評価を行う
※納得解、考え続ける

・①②の考えをまとめる
道徳ノートへの記述、年間を通じて蓄積
ペアやグループによる交流、家族への話

・学び方を振り返る
友達の意見をしっかり聞けたか
自分の意見を友達に説明できたか、など

え、向き合う」などから言うなら、「当面の思いや考え、当面の納得」と捉えることが必要です。その授業で全てが分かるわけでも、解決するわけでもないので、「今後も考え続けたい、考え続けざるを得ない」ような心情になるように配慮します。

▼教師の説話

他教科、領域とは違い、道徳科の終末は、教師の説話が特徴的です。

説話のポイントは、三つあります。

一つ目は、事実、中立、プライバシー・肖像権等への配慮など、そもそも授業で提示してもよいものであることです。二つ目は、押し付けたり叱責や皮肉に使ったりしないことです。児童自らが、自己を見つめたくなるような魅力的なものにします。三つ目は、提示の仕方の工夫です。冗長にならないよう

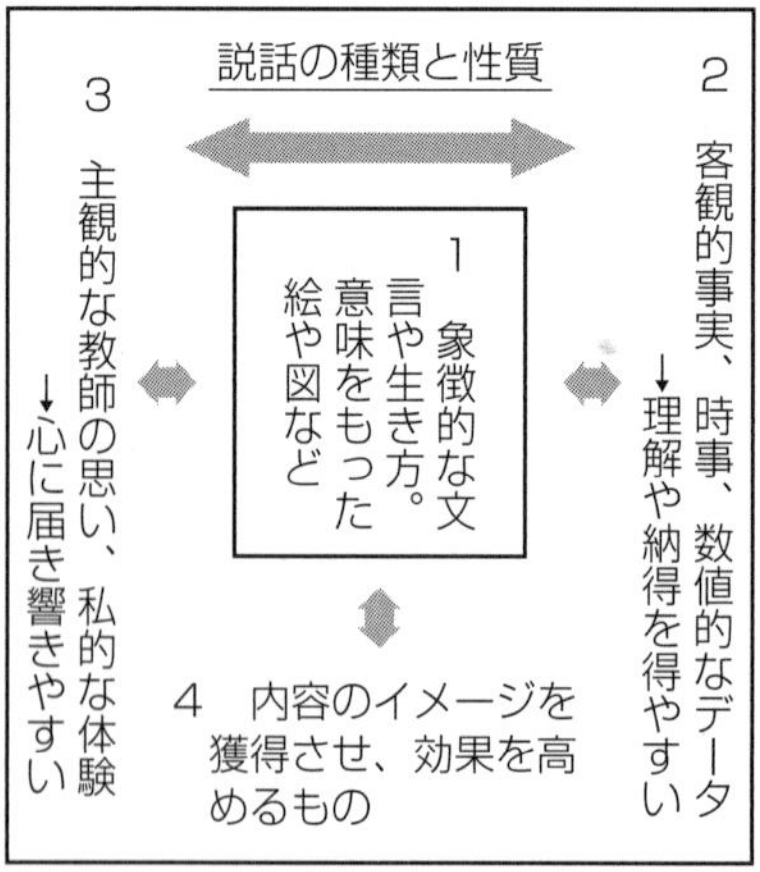
説話の種類と性質
1　象徴的な文言や生き方。意味をもった絵や図など
2　客観的事実、時事、数値的なデータ
↓理解や納得を得やすい
3　主観的な教師の思い、私的な体験
↓心に届き響きやすい
4　内容のイメージを獲得させ、効果を高めるもの

端的に示します。そのために、ブラインドを入れたりハイライト表示をしたりして興味を引き付ける、内容を焦点化し視覚的に提示する、などが必要です。難しい事柄は不向きですから、一目で、又は、一読で理解できるものでないとなりません。

種類や機能、性質を図式化すると、右下のように捉えることが可能です。

①主に感銘を与える

・漢字一・二文字、漢字の成り立ちや由来など
・ことわざ、故事成語、慣用句、熟語（二・四文字熟語）
・合い言葉、キャッチフレーズ、スローガン
※既存のもの、授業を受けて教師や学級のみんなで即席でつくった言葉や文章の場合も
・名言・名句、座右の銘
※著名な人、無名の人、同年代の人や身近な友達、教師、保護者の言葉の場合も
・短歌、俳句、川柳
・ポスター、広告、看板、立て札、横断幕、標識
・短い絵本、漫画（四コマ、漫画の一部分など）、写真

・手紙、日記、書（ことわざや座右の銘などを書いたもの）
・詩、童謡（児童向けの詩）、歌詞（楽曲の場合も）
・先人、偉人のエピソード文、ビデオ、補助的に写真や年表、関連の事物などの添付も

ジャンルとしては、スポーツ、ビジネス、芸能、芸術、医学、科学、ボランティア、国際、建築、教育、歴史、政治など多岐にわたります。

②主に理解を深める

・その時々の社会的な出来事（新聞、雑誌、テレビなど）
・過去の社会的な出来事、歴史的な出来事、事象
・法律、条例、宣言文そのものとその解釈や適用例
・モラルやマナー、エチケットの原則と具体的な場面
・校則や学級のきまりと守れているかどうかの実態など
・数値化された社会的な出来事や意識調査（グラフなど）
・数値化された学級や学校の出来事や意識調査（グラフなど）

③主に心情に訴える

・授業者（主に担任）の体験談と児童に対する思い
※教師の成功談、失敗談、今後の生き方への思いなど
・児童の具体的な姿、気持ち、行動など
※望ましい考えや行動がほとんどだが、逆の場合も
・他の教師（管理職、養護教諭、栄養職員、給食調理員など）の体験談や児童に対する思い
・保護者、地域の方、転校していった友達の思い
※教師や保護者などの思いは、手紙、ビデオレター、ゲストとしての提示もある

④主に効果を高める

直接、説話の内容になるわけではありませんが、説話の効果を高めるという意味でときどき用いられているものがあります。

・実物
・動作、演技（教師の身体表現、時に児童も一緒に）
・イメージとしての写真、イラスト、絵、図

・雰囲気としての音楽（メロディ）、ＢＧＭの類

説話においても、終末の目的にかなうようにすることが重要です。

したがって、学習のまとめを印象的に行い、道徳的価値の理解や感じ方を高め、深めるようにします。また、児童の自己の振り返りや今後の生き方の指針となるような内容にすることも重要です。とかく説話は、教師の熱い話となりがちで、教師はそれなりに高揚するのですが、その思いが児童に十分には伝わらないことがあるため、短時間で焦点化された話をすることが欠かせません。

なお、「考え、議論する道徳」や「押し付けにしない道徳」という道徳科の特徴が強調されているからかもしれませんが、「教師の説話」を忌避する傾向が一部に見られるとの指摘もあります。最初に書いたとおり、説話が児童への叱責、訓戒や行為、考え方の押し付けにならないように十二分に注意することが欠かせません。しかし、その上で、教師が自分自身を語ることによって児童との信頼関係や学習の効果が増すなら、必要以上に避けることはないでしょう。むしろ、印象的で有効な説話を適宜、適切にできる教師になることは、道徳科の指導も含めて、広い意味での教師の力量を上げることとなるはずです。

また、教師の説話に当たる内容や機能をゲスト・ティーチャーに託すことがあります。

ここで、ゲスト・ティーチャーによる話の留意点をまとめておきましょう。三つあります。

一つ目は、ある程度、教師との打ち合わせを行い、話していただくことについて了解や合意を得ておくということです。「授業を通して感じたことを何でもけっこうですから、最後に話してください」としてしまうと、ゲストは話しやすいように感じられますが、実際には話し手も聞き手も満足しづらい結果になることが多いです。協議した上で、箇条書きで十分ですから、話のポイントを確かめ、その文脈で話していただくようにします。

二つ目は、時間的なゆとりをもつということです。とかく授業は、時間がたりないものです。特に、ゲストを招聘すれば、授業者はいつもより緊張し、それまでの学習活動に時間がかかります。したがって、一層授業時間にゆとりをもたせ、ゲストのための時間を予定の二倍くらい確保するつもりで授業に臨むことが必要でしょう。

三つ目は、一つ目、二つ目と矛盾しますが、最終的には、少しくらい予定どおりいかなくてもよい、という構えで授業を行うということです。いくら周到に準備しても、内容や時間が予定どおりいくとは限りません。むしろ、予定どおりいかないことが、ゲスト・ティーチャーを招聘した意味、よさだというくらいに捉えておくことが、結果として、効果的、印象的な授業にする上でよいと言えるでしょう。

5

アクティブ・ラーニングに生かすグループ活動

▼主体的・対話的で深い学び

これは、新学習指導要領におけるキーワードの一つで、アクティブ・ラーニングと言うこともあります。グループ活動は、「主体的・対話的で深い学び」を実現するための一つの手段でしかありません。しかし、まずは、中央教育審議会教育課程部会の「審議のまとめ」（平成二十八年八月二十六日）などをもとに、これらの学びについて道徳科の視点から押さえましょう。

①主体的な学び

道徳科における主体的な学びにおいては、児童が問題意識をもち、自己を見つめ、道徳的価値を自分自身との関わりで捉え、自己の生き方について考える学習にすることや、自ら道徳性を養う中で、自らを振り返って成長を実感したり、これからの課題や目標を見付けたりすることができるようにします。一単位時間だけの学びにせず、年度当初や学期はじめに自分の目標や課題を捉える学習をするなどし、学習の過程や成果を計画的にファイル化するなどが有効です。

②対話的な学び

対話的な学びの視点からは、ペアやグループによる児童同士の協働、教員、保護者、地域の方々との対話、教材を通して先哲の考え方を踏まえて学習を進めることなど、自分と異なる考えと向き合い、議論することなどを通して、自分自身の道徳的価値の理解を深めたり広げたりすることが求められます。

③深い学び

この視点からは、道徳的諸価値の理解を基に、自己を見つめ、物事を多面的・多角的に考え、自己の生き方について考える学習を通して、様々な場面や状況において、道徳的価値を実現するための問題状況を把握し、適切な行為を主体的に選択し、実践できるような資質・能力を育てる学習にすることが求められます。そのため、質の高い多様な指導方法を工夫することが有効です。

▼グループ活動のねらいや配慮事項

主体的・対話的で深い学びの実現を図る上で、グループ活動のねらいや内容などに着目した上で、それらを道徳科授業に導入することは、非常に効果的です。

とかく道徳科授業は、音声言語に頼った話合い活動が中心になりがちです。そのため、限られた児童は積極的に発言するものの、少なくない児童がその話合いに参加することができず、学習の成立が危ぶまれることがあります。

グループ活動は、一人ではなく学級全体でもない、二人から学級を二つに分けた人数までで行う、意図的な活動全般を指します。したがって、複数で行うならば、「体験的な活動」もグループ活動の一つになります。

活動の「ねらいと内容」によって種類分けするのが妥当です。大きくは二つ、細かくは五種類に分けられます。

①座って話すことが中心のグループ活動

最も頻繁に行われているのが、二〜五人程度のグループによる話合い活動でしょう。授業開始時から座席が二人組や四人組になっていることだって少なくありません。二つのねらいで分けましょう。

ア　主に考えを紹介するグループ活動

互いに自分の考えを紹介して、互いの考えを共有する、「知り合うこと」を主な目的としたものです。ペアトークやインタビューなど音声言語中心の活動が多いです。

そのほかにも、グループでプリントやノートを回し読みしたり、場合によっては、自由に席を立って、知りたい人、教えたい人と自由に伝え合ったりすることもあります。

また、同じ考えの人が集まり、自分たちの考えを短時間で紹介するホワイトボード（ペーパー）セッションも考えられます。

イ　主に考えを深めるグループ活動

外から見ると同じような姿に見える活動でも、互いの意見を交流した後に、自分の考えを深める活動もあります。

アとの境界は曖昧で連続的です。双方のねらいが入っているグループ活動になる場合がほとんどです。

ホワイトボード・ミーティングやグループディスカッション、また、四人グループのメンバーが順次交代していくワールド・カフェ形式の話合いも活用は可能でしょう。代表者が前方で協議し、ほかの児童が適宜参加するパネルディスカッションくらいになると、中学校であっても複数時間の道徳科授業でないと導入が難しいかもしれません。

アもイも、「おおむね音声言語と文字言語」で行われますが、実際の活動を「主体的・対話的で深い学び」にしようとすれば、ねらいに応じた適切な配慮が必要です。

後述する表にまとめたように、自分の考えを「見える化」して、話合いを活性化することが有効な場合があります。

そのため、表現方法としては、例えば、数直線や座標軸などに自分の考えを数値化して位置付けたり、二次元表やベン図などのどこに自分の考えが入るのかを示したりすることで、考えの異同を明確にすることはよく行われます。物事を多面的・多角的に、また、自分自身との関わりで考えるという目的を明確にして話し合わせることが不可欠です。

更に、考えを生み出し、深めるというねらいを強調するならば、様々なチャートやランキング（ダイヤモンド、菱形など）、ウェビングマップなど思考手順もあわせもつ表現方法を用いると効果的でしょう。

なお、互いの話合いや表現がスムーズにできるように、例えば、ネームカードや色（番号）カード、ホワイトボードや模造紙などを持たせたり、発表順を決めるくじや発表者に渡すバトン（ボールなど）を準備することが効果的な場合もあります。

②体を動かすことが中心のグループ活動

三つのねらい・種類に分けられます。

ア　意図的な活動中心

エクササイズやアクティビティなど、意図的な活動（非日常的な活動である場合が多い）を行うという種類があります。構成的グループエンカウンターなどに代表されます。これらは、道徳科のねらいや内容に合致するように配慮することが難しいことがあり、時に道徳科のねらいの達成を阻害してしまうことがあることに注意が必要です。

トレーニングやスキル学習は、道徳科のねらいとは違う内容などを含んでいることがあります。

イ　演技・模倣中心

役割演技や動作化に代表されるように、道徳的行為に関する体験的な学習の取り入れが盛んに行われていますし、相当程度有効です。

ねらいや手法によって、様々に名称や活動の詳細が異なることから、授業者が活動の本来のねらいや内容を学習して取り組むことが必要でしょう。

サイコドラマ、ロールプレイングのように心理学的な手法の場合には、特にです。

とりわけ、いじめの場面そのものを役割演技することは、心に大きな影響を与えることから、避けなければならないと考えます。

ウ　体験中心

細かく言えば、三つに分けられます。

一つ目は、挨拶をしてみるなど日常の道徳的な行為の追体験を複数で行うものです。礼儀のよさや作法の難しさなどを考えたり、相手に思いやりのある言葉をかけたり、手助けをして親切についての考えを深めたりするなどの目的をもって行います。

二つ目は、アイマスク体験などに代表される疑似体験です。多くの道具や時間が必要なことがありますので、総合的な学習の時間などで行い、その思いを道徳科に生かすというのが一般的であり、効果も高いでしょう。

三つ目は、教材に描かれている行動や内容を実物で体験するものです。実際の体験ではありますが、模擬的、象徴的な一部分の体験になる場合もあります。一人で行うものもありますが、感じたことを伝え合えば、必然的にグループ活動になります。

③よりよいグループ活動にするために

どんなグループ活動においても、教師のねらい、及び児童にとってのめあてを明確にすることが大切です。活動はそれなりに楽しく生き生きとした学びにつながります。しかし、場合によっては、「活動あって学びなし」となることもあります。注意深く活動の具体や効果を吟味して、ねらいの達成にかなう活動とすることが欠かせません。

また、主体的、意欲的な活動にすることも必要です。やらされる活動では、効果は半減します。したがって、教師がその活動をやってみようと提案するまでの授業運びが重要となります。児童が押し付けられたと感じるのではなく、「待ってました」と思えるような状況にしておいた上で活動を提案できるようにするのです。

更に、活動の具体的な手順や気を付けることなどを丁寧に、しかも端的、短時間で伝えきることが求められます。道徳科は一般に四十五分（中学校は五十分）で完結することが求められます。そのため、いくら効果的なグループ活動、体験活動であったとしても、時間がかかりすぎるようでは取り入れられません。

そこで、一般的に行われている意図的なグループ活動や体験的な活動について、その趣旨やよさを教師が適切に捉えるとともに、授業のねらいに応じて、活動を工夫することが欠かせません。ねらいの達成に資するように、また、時間内に収まるように、そして、児童の発達の段階や特徴に応じるようにします。

その上で、小黒板や画用紙などに、手順や気を付けることを視覚化、見える化して示し、試しの活動を行ったり、順序立てて少しずつ行ったりして、活動のよさを認め、ほめることで、それらが十全に行われるように配慮します。

また、表の※にあるように、配慮が必要な児童によっては、適度な時間で活動が切り替わることそのものに意味がある場合があります。どの児童にも必要なのですが、例えば、「○分間で行う」や「あと残り○分行う」「ここまでやったら、次は……」「全部終わったら～をする」など、めあてや見通しを分かりやすいようにします。

▼グループ活動の種類や具体（まとめ）

座って話すことが中心	
(1)主に考えを紹介する	
【表現方法：例】 ・音声言語、文字言語 ・数直線、スケール ・座標軸、数値 ・二次元表　・表情 ・マトリックス ・ベン図　・二・三択 ・ボックスチャート ・Y・Vチャート類 ・ランキング （菱形など） ・ウェビングマップ など各種思考ツール 【表現補助：例】 ・ネームカード ・色（番号）カード ・ホワイトボード ・発表順番決めくじ ・発表バトン（ボール）	・ペアトーク、インタビュー ・三～六人組の話合い ・尋ね歩き（フリーの交流） ・ポスターセッション　など ・ホワイトボード・ミーティング ・ディベート ・パネルディスカッション ・ジグソー学習、ワールド・カフェ　など
(2)主に考えを深める	

体を動かすことが中心

⑶活動

・構成的グループエンカウンター　・モラルスキルトレーニング
・ワークショップ　・アクティビティ　・グループワーク
・ソーシャルスキル　・各種トレーニングの類
など

⑷演技

・役割演技　・ロールプレイング　・即興劇
・サイコドラマ（心理劇）　・スキット（寸劇）
・動作化
など

⑸ー①追体験

・各種挨拶
・言葉遣い
・礼儀、所作
・思いやり
など
日常の行動

⑸ー②疑似体験

・アイマスク体験
・車椅子体験
・高齢者体験
・点字体験
など
意図的な体験

⑸ー③実物体験

・聴診器
・着物着用
・風呂敷
など
教材に応じた体験

※集中を続けるため、一度活動するという場合も

※適度な時間で活動を切り替え、集中を持続できるようにする
※「あと五分」「ここまでやったら」など、具体的な見通しを示すようにする

第3章

各学年のポイントを押さえた「考え、議論する」道徳の授業づくり

CHAPTER
3

1

低学年の授業づくり

▼発達の特徴と指導内容の重点化

①発達の特徴

この段階の児童の特徴としては、新たな事柄に対しては消極的な面も少なくないのですが、何事にも興味・関心をもつこと、自己中心性が強く自分勝手な行動が見られる一方で、明るく素直であること、相手の心情や立場を理解したり社会的な役割や責任などについて考えたりすることは難しい面もあるけれど、自然と親しむことを好むなどがあります。

②指導内容の重点化

指導内容の重点化について、学習指導要領ではどのように述べられているのか、確認し

ておきましょう。まず、全学年に共通の留意事項として、

> 児童の発達の段階や特性等を踏まえ、指導内容の重点化を図ること。その際、各学年を通じて、自立心や自律性、生命を尊重する心や他者を思いやる心を育てることに留意すること。

とあります。これらについては、一年生から丁寧に指導を積み上げ、効果的な育成を図ることが求められます。そして、低学年については、次のようにされています。

> 第1学年及び第2学年においては、挨拶などの基本的な生活習慣を身に付けること、善悪を判断し、してはならないことをしないこと、社会生活上のきまりを守ること。

これらは、教育活動全体を通じて重点化する指導内容として掲げられているものです。したがって、道徳科の授業においても配慮しなければなりません。

また、これらは、児童の発達の段階や特性等、及び学校や地域社会等の実態や課題等を

踏まえた上で、学校としての指導内容の重点として配慮することとなります。

▼低学年における「考え、議論する授業」のポイント

道徳科においては、道徳の時間の成果を受け継ぎ、より一層充実させるという視点で授業づくりを行います。低学年のポイントは、「生き生き」と「生活」の二つです。

①生き生き、伸び伸びを生かす

ア　ペア学習を充実させる

「話すことは考えること」です。話しながら考える、考えながら話す、低学年のよさはそんなところにあります。ペアなら常に「話すか聞くか」です。話し合う内容やポイントを明確にさえすれば、どの児童も恥ずかしがらず、遠慮なく話し合います。

イ　動作化を生かす

「体を動かすことで理解が深まる」のが低学年の特徴です。長く椅子に座っていることが苦手な時期でもあります。そこで、取り上げた場面の人物になったつもりで、動作化す

ることが「考え、議論する授業」に近付けるポイントです。役割演技と違って、教材の記述におおむねしたがって体を動かすのですから、誰でも、また一斉にできます。

②生活とのつながりを重視する

ア　教材理解を大切にする

低学年は、お話を聞くのが大好きです。したがって、教材提示を丁寧に行い、その内容理解が確かになるように配慮します。低学年は、読んでもらうことそのものを楽しみますから、それに応えるような提示の工夫が必要です。

イ　経験をしっかり出し合う

導入をはじめ、展開などにおいても、「みなさんは、〇〇のようなことはありませんか」「そのとき、みなさんは、どんなことを感じましたか」など、教材文、つまり道徳的価値と一人一人の生活や考え方とのつながりを大切にするために、経験をしっかり出させることが、「考え、議論する道徳科授業」に迫る方法の一つです。

ウ　一般化を丁寧に行う

低学年は教材の場面や状況だけを学ぶ傾向が強いことから、展開後半などで、当該道徳的価値や内容項目が表れているほかの状況を意図的に想起させたり、話し合わせたりすることが効果的です。教材は一つの例示であり、比喩なのですから、それらを自分の生活とつなげられるように支援します。

▼授業例　かぼちゃのつる（一年　A―(3)節度、節制）

①あらすじ

かぼちゃが自分の畑を出てつるを伸ばします。「人が通る道だ」「あなたの畑はまだ空いている」と蜂や蝶に注意されても、聞きません。更に「私の畑に入らないで」とすいかが訴え、つるを踏み付けてまで犬も注意しますが、「少しぐらいいい」「踏まれても平気だ」とわがまま放題です。そこへ車が来て、タイヤがつるをぷつんと切ります。かぼちゃは、その痛さに涙を流して泣くのでした。

②ねらい

人の注意を聞いて自分の行動を見直すことの大切さについて考え、わがままをしないで生活をしようとする態度を養う。

③導入　わがままをした経験を発表する

価値への方向付けです。低学年では学習の雰囲気をつくる上でも効果があります。一年生ならではの屈託のなさで、それぞれの経験を出し合った後、「『かぼちゃのつる』でわがままについて考えてみましょう」と課題を提示します。道徳科では学習課題を示す方が望ましいです。教材は見せず、場面ごとに絵を黒板に貼付しながら、語り聞かせます。

④展開前半　それぞれの気持ちをペアや動作化をしながら話し合う

発問①「注意されたとき、かぼちゃはどんなことを考えていたでしょうか」
・注意されてもどうってことない　・つるを伸ばすのはすごく楽しい　など
発問②「注意しても聞いてもらえなかった犬たちはどんなことを考えていたでしょうか」
・嫌な人（かぼちゃ）、悪い人だな　・言うことをちゃんと聞いてほしい　など
内側発問により、人物の気持ちを共感的に理解させることは、低学年では特に疎かにできません。①はお面と動作付きで、②はペアで「自分なら」と考えさせて自由に語らせま

す。全体での発表では、次に生かすために、「何回注意しても聞かないなら、もう言わない」という発言が出たら必ず取り上げ板書します。

⑤展開後半　わがままの違いを話し合う

発問③「かぼちゃの何が悪いのでしょうか」
・蜂と蝶の二人に注意されているのに、全然聞こうとしないこと
・犬にも注意されたのに聞かないこと　・断られたのにすいか畑に入ったこと
・人が多く通る道をじゃましたこと　など

気持ちだけを扱う授業では、内容理解が薄くなります。だから、低学年でも、このような「価値発問（主題発問）」が有効です。しかし、「なぜ、わがままをしてはいけないのでしょうか」と問うてはいけません。「だって、罰が当たるから」を引き出してしまうからです。低学年はまだそう考える傾向が強い段階ですから注意が必要です。

発言を類別して板書した後、「どれが一番悪いでしょうか」と問い返します。「一番」を考えることが理解を深めます。いろいろな考えを発表させながら「×の大きさ」や「数字」などを使って黒板にまとめていきます。その際、A「人に迷惑」、B「道路を通るた

くさんの人に迷惑」、C「自分が損をする」の三種類のわがままに改めて気付かせます。そして「自分の畑の外につるを伸ばしたことが悪かったのだけれど、すぐに注意を聞いてやめていればこんなに迷惑をかけなかったし、自分も痛い目にあわなくてすんだんだよね」と確かめ合います。「人の注意を聞いて、自分の生活を見直す」と黒板にも位置付けます。

⑥終末　自分が損をする意味や例示を聞く

発問④「わがままをして自分が損をしたことはありませんか」

一般化を図ります。直接他の人に迷惑をかけないわがままでも、痛い目にあうことがあることを児童と一緒に考えます。例えば、「歯磨きをしないことと虫歯」「夜ふかしをすることで朝寝坊」「過食と腹痛」などがあるでしょう。かぼちゃの行動は、自分の身近な生活にも見られることに気付かせます。そして、元気でかしこい生活をすることは、「気持ちよい」ことでもあることを印象付けるのです。

可能なら、最後に、蜂や蝶の場面に戻り、「注意を聞いていないと、そのうち誰も注意してくれなくなる。そのことが一番悲しいことだよね」と静かに話して終わります。もちろん、決して脅すのではなく、教師自らに諭すようにです。

2 中学年の授業づくり

▼発達の特徴と指導内容の重点化

①発達の特徴

この段階の児童の特徴としては、総則の解説にもあるとおり、学校生活に慣れ、行動範囲や人間関係が広がり活動的になる、また、社会的認識能力をはじめ思考力が発達し、内省する心も育ってくると言われています。したがって、自分の弱さが出ることも少なくありませんが、基本的な生活習慣なども定着し自律的になること、周囲に流されることがあるものの、相手の気持ちを理解し集団で活動することを好むようになること、規則の尊重や国際親善などに対して高学年ほどの認知や判断はできませんが、家族や学級、地域等への活動や参加への関心が高まってきます。

②指導内容の重点化

中学年については、次のようにされています。

> 第3学年及び第4学年においては、善悪を判断し、正しいと判断したことを行うこと、身近な人々と協力し助け合うこと、集団や社会のきまりを守ること。

善悪の判断及び正しいと判断したことを行うこと、また、集団や社会のきまりを守ることとは、低学年においても重点化されており、小学校の下の学年から適切に育てていくために重点化されていると考えられます。換言すれば、それだけ現代の児童にとって課題だと言えます。善悪の判断は、しっかり考え、議論することで十分理解させることが重要です。また、中学年からは、「協力、助け合い」が取り上げられています。親しい友達と集団で活動するようになることや、相手を思いやるなど他者の状況を想像できるようになるという特徴を踏まえています。多面的・多角的な検討をすることで役割取得できるようにします。更に、進んで取り組もうとすることや集団や社会に目を向けられるようになるという発達の特徴を一層伸ばすように重点化を進めることが必要です。

▼中学年における「考え、議論する授業」のポイント

中学年では低学年の学びをより一層充実させるという視点で授業づくりを行います。中学年のポイントは、「前向き」と「みんな」の二つです。

①前向きな気持ちを引き出し生かす

ア　ペア学習に加えグループ学習を積極的に取り入れる

低学年で多用したペア学習を中学年でも引き続き多く取り入れながら、より多くの考え方に接し、自分の考えを深められるようにグループ学習を充実させていきます。

イ　書く活動を充実させる

「書くことは考えること」です。中学年になれば、自分の考えを書くことで道徳的価値の理解を確かにしていくことができます。ふきだしなどに書く「内側発問」に対応させるか、「価値発問（主題発問）」に対して書かせるかなどは、他の活動と調整します。

②みんなで学びを深めようとする態度を育てる

ア　役割演技を取り入れる

中学年になれば、即興的、創造的演技が可能になります。演者、観客などの役割意識も明確にできます。演じてみて感じたことや分かったこと、演じているところを見て考えたことなどを出し合い、道徳的価値への気付きを深めます。役割演技中心で授業を仕組むとすれば、演者の選択や演技を見る視点の提示など、教師の監督としての能力を一層高めることが必要です。道徳的行為に関する体験的な学習の効果的な活用が充実する時期です。

イ　内側発問から入り、外側発問や価値発問で追求する

共感的な理解も客観的な判断も高まってくる中学年ですから、登場人物の心情を共感的に理解することをもとにして自分を投影させたり、それらの行為などを批評したりして、道徳的価値の理解を深めることが効果的です。どちらの活動においても、必要に応じて「問い返し発問」を行うことで、更に考えを深めることができます。問い返しが新たな観点になって、考え、議論し、多面的・多角的な話合いが可能になります。

ウ　学んだことを明確にし、自己の振り返りを確かにする

考え、議論したことを通して、当面の「納得解」である「学んだこと」を明確にするこ

とが大切です。更に、その「学んだこと」をもとにして、自分を振り返る中で、自己を見つめ、自己の生き方についての考えを深められるようにします。

▼授業例　ないた赤おに（三年　B―⑽友情、信頼）

①あらすじ

人間と仲よくしたい赤鬼のことを思い、自分があばれ、赤鬼に退治されることを提案する青鬼。申し訳ないと思いつつも赤鬼はその話に乗り、青鬼を何度も殴り人間を助けます。すっかり信頼を得た赤鬼は人間と楽しく暮らすも、ふと、青鬼のことを思い出し家を訪ねます。戸口に「このまま君とつきあいを続けていけば、人間は君を疑うことがないとも限りません。……長い長い旅に出ることにしました。けれども僕はいつまでも君を忘れまい。どこまでも君の友達」という手紙が。それを読み、赤鬼は涙を流して泣きました。

②ねらい

身近な友達を大切にするよさについて考え、友達と互いに理解し、助け合う態度を養う。

③導入　課題提示を受け、教材を聞く

長文のため、経験想起などによる主題への導入はしません。

まず、泣いている場面絵を貼付し、教材への関心を高めた後、教材名と学習課題「赤鬼の涙から学ぼう」を示します。

場面絵、手紙文を貼付しながら順に語り聞かせますが、教材の手紙がカタカナなら、ひらがなに変えて読みやすくすることが必要です。

④展開前半　泣く赤鬼の気持ちを話し合う

発問①「青鬼の手紙を読んで泣いている赤鬼はどんなことを考えているでしょうか」

内側発問です。考えを広げるため、グループ交流を仕組みます。

❶青鬼との別れの寂しさ・悲しさ　❷青鬼へのおわびの気持ち
❸提案を断るべきだったという後悔　❹本当の友達は青鬼だという気付き
❺青鬼を探したい　❻人間に本当のことを言う　など

その後の全体発表では、おおむね❶～❻が出ます。それぞれ分けて板書し、❷❸では、その場面に戻り、みんなでその気持ちを膨らませます。❹は、「また一緒に遊びたい、話

したい」という行為表現の場合もあります。「青鬼も大切な友達だね。それに改めて気付いたのですね」などと返し、みんなが理解可能かどうか確認しながら、意識化させます。この部分を役割演技で行うことも可能です。例えば、「手紙を読んだ後、赤鬼がつぶやくところを演技してみましょう」とします。「赤鬼が青鬼を探して出会ったときに言う場面を演技しましょう」として行うのも可能です。

意見が出そろったところで、それぞれ「❶悲しさ」「❷おわび」「❸後悔」などとラベリングした後、全体に「この中で納得できないこと、付け加えなどはないですか」と問い返します。殴られ役への感謝の気持ちが出る場合は、❷❸と対比させて、「だからこそ『ごめんなさい』の気持ちが大きくなるね」とします。私はこのような問い返しの活動を大切にしていて、授業によっては、「最も納得できるのはどれか（納得度）」「最も悪いのはどれか（善悪）」「同じような思いになったことはないか（経験）」など、一層の観点を提示して考えさせます。

⑤展開後半　赤鬼から学んだことを話し合う

発問②「赤鬼から学んだことは何ですか」

学習課題に対応させた「価値発問（主題発問）」です。「本当の友達とは？」や「二人は友達と言えますか？」など揺さぶり系の発問も可能です。しかし、人としての弱さも出させ、青鬼批判を避けるため、この発問のように終始赤鬼側で授業を進めるのがポイントです。

ここでは、書く活動を仕組み、全員の思考を保障します。

・身近な友達を大切にすること。　・友達のためになることを進んですること
・友達にとってよくないことは、誘われても断る勇気や気持ち
・よく考えて、自分には都合がよくても後で後悔することは初めからしない　など

「私は今まで……」のような振り返り発言を引き出すために明確に問う場合と、そのような発言が出るのを待って、「みなさんはどうですか」と問う場合があります。

⑥終末　教師の話を聞く

十分考え話し合ったことを称揚します。そして、「断った方がいいことや青鬼が大切な友達だと初めから分かっていたのに、それを認められず友達を失ってしまった自分の弱さに気付いたことも涙の理由ですね。今後、赤鬼もみんなも、そして私もこれらを乗り越えたいし、そう努力しましょう」と、学んだことを更に明確にして、授業を終えます。

3

高学年の授業づくり

▼発達の特徴と指導内容の重点化

①発達の特徴

この時期の児童は、知識欲も旺盛で、集団における自己の役割の自覚も進みます。自己や社会の未来への夢や目標を抱き、理想を求めて主体的に生きていく力が伸びます。したがって、理想と現実の違いを捉え自分に自信がもてないこともありますが、周囲の人や集団との積極的な関わりを求めようとすること、少しずつ中学生に近付くことにより、周りに気を遣いすぎる面がある一方、相手の立場や集団での役割、責任などについての関心を高めていること、高学年としての自覚や認知能力が高まることで、国際理解や日本の伝統文化などについても客観的な知識や経験が積み重なっていることなどが特徴です。

②指導内容の重点化

発達の特徴を踏まえて、高学年については、次のように述べられています。

> 第5学年及び第6学年においては、相手の考え方や立場を理解して支え合うこと、法やきまりの意義を理解して進んで守ること、集団生活の充実に努めること、伝統と文化を尊重し、それらを育んできた我が国と郷土を愛するとともに、他国を尊重すること。

善悪の判断については、低・中学年から引き続き、高学年では、法やきまりの意義の理解などに発展しています。また、各学年で思いやりの心を重点化する点についても、相手の考え方や立場を理解して支え合うことまで求めています。更に、学級やクラブ活動、委員会活動など各種集団の生活や活動の充実に寄与できるようにします。

加えて、経験や知識、認知能力が高まり、社会科等各教科での学びを踏まえ、日本の伝統と文化を尊重することや我が国と郷土を愛すること、国際親善など他国を尊重することなど、中学校の学習や生活につながるようにすることが必要です。

▼高学年における「考え、議論する授業」のポイント

高学年では低・中学年の学びをより発展、充実させるという視点で授業づくりを行います。高学年のポイントは、「言語活動」と「問題解決」の二つです。

①言語活動を生かす

ア　言語活動全体を調和的に充実させる

ペアやグループ、全体での話合い活動、書く活動など、ねらいや内容に応じ、適宜ふさわしいものを選択して授業に取り入れることが可能になります。特に、全体での話合い活動が滞りなくできるのは、高学年ならではです。

イ　全体での話合い活動を活性化させる

全体での話合いにおいては、友達の様々な考えを取り入れて考える他者理解や、人間の弱さや醜さ、また、それを乗り越える強さ、尊さなどを踏まえた人間理解など、幅広い価値理解が可能になります。全体での話合いでは、物事を多面的・多角的に考えることがで

きる視点を提示することにより、話合いを活性化させることができます。

②問題解決的な学習を一層充実させる

ア　学習課題を追求し、導入と終末を対応させる

どの学年においても、問題解決的な学習は効果的ですが、特に高学年の場合は有効です。学習課題を追求するために、まず、教材の登場人物を通して多面的・多角的に学び、それを踏まえ、自分との関わりで更に深めることや、導入と終末との対応などにも留意します。

イ　内側発問などを更に焦点化し、外側発問や問い返し発問で学んだことを明確にする

内側発問→外側発問→価値発問の順に進めることが高学年では効果的です。また、内側発問又は外側発問の児童の反応を踏まえて、更にもう一押し焦点化した発問を行うことや問い返し発問などにより、道徳的価値についての学びを明確にできます。

ウ　学んだことをもとに、自己の生き方についての考えを深める

学んだことを一文（価値理解）、二文（価値理解と自己の振り返り）、三文（価値理解、理解の具体や理由、自己の振り返り）など、端的にまとめることで学びを明確にできる学年段階です。更に、それらをもとにこれからの課題を考えることができます。

ただし、問題解決的な学習は型ではなく、いろいろな指導方法（読み物教材の登場人物への自我関与が中心の学習、道徳的行為に関する体験的な学習など）と組み合わせながら、主体的な学習にするよう配慮します。

▼授業例　森の絵（六年　C—⒃よりよい学校生活、集団生活の充実）

①あらすじ

えり子の学級では、学習発表会で劇「森は生きている」をやることになりました。えり子は配役では八月の精、準備では道具係です。森の絵を描くのに忙しいのに、えり子はどこか投げやりで絵筆をもつ手に力が入りません。衣装係の文男は、「誰かがやらないと劇にならない」と言いながら慣れない手付きで刺繍をしています。えり子は、めぐみが昼休みに頑張ってＢＧＭの録音をしている姿も見ました。そのような中、「森の絵、感じが出てる」と文男にほめられたえり子は、観客がおどろくようなすてきな森の絵を描いて、みんなで劇を成功させようと強く思うようになりました。

②ねらい

役割を自覚して集団に参加する意欲の大切さについて改めて考え、主体的に責任を果たそうとする態度を養う。

③導入　参加している集団や活動を書く

まずは、児童が参加している集団を出し合い、それぞれの特徴的な活動を確認します。例えば、学級集団の係活動や当番活動、委員会活動、クラブ活動、学校外の子供会やスポーツ少年団の活動などです。

「高学年として役割と責任を果たすために必要なこと」と学習課題を提示して、教材を読み聞かせます。学習発表会や劇「森は生きている」などに補説が必要な学級もあります。

④展開前半　投げやりだったえり子が最後にやる気になった理由について話し合う

発問①「すてきな森の絵を描こうと思うようになった理由を話し合いましょう」

順を追って「投げやりだった気持ち」を話し合った後、発問①を行ってもかまいません。

・慣れない手付きで丁寧に縫っている文男の姿を見たから

・「誰かがやらないと……」を聞いたから
・熱心に録音するめぐみを見たから
・満足そうに言う修を見たから
・文男に絵をほめてもらったから

叙述に即したこれらの発言を丁寧に板書し、全員に理解させた後、問い返しをします。

発問②「これらの『見たり聞いたりしたこと』から何を感じ、どう考えたのでしょうか」

・クラスのみんなはとても一生懸命だ
・投げやりな自分が恥ずかしい
・自分にも大切な役割がある
・責任を果たし目的を達成したい

えり子の考えや態度のよさを確認します。これらは、発問①で同時に扱うことも可能です。

⑤展開後半　学んだことを一文で表す

発問③「責任をもって進んで役割を果たす上で大切なことをたし算で表しましょう」

私は、学んだことを一文で表す方法をよく使います。理由を付けて二文で表したり、これからの自分の在り方を三文目に書かせたりすることも高学年なら効果的です。

ここでは、大切なことを短い言葉で幾つか見つけ、たし算にする方法を用います。例えば、「全体のめあてを確かめる＋自分の役割を考える＋友達のよいところを見習う」や「少しくらいのことであきらめない＋友達のやる気に学ぶ＋みんなで成功したときのことを想像する」などです。

初めに、児童から二、三個発表させ、それを教師が黒板にたし算の式として書き、導入の学習課題とイコールで結びます。「役割達成の式」とか「やる気たし算」などと命名し、見本にさせるとイメージがわき、取り組みやすくなります。

一人一人がプリントに書いた後、グループで紹介し合ったり、グループ全員の言葉から二、三個選び「最強の式」をつくったりするのも楽しい活動になります。

⑥終末　責任を果たす場面を想像して書く

発問④「導入の活動から一つ選び、自分が進んで役割を果たす場面と理由を書きましょう」

式を適用し、今後自分が果たせそうな役割や行動を具体的に書かせます。大切なのは行為ではなくそうすることの意味や理由です。グループで共有するのも有効でしょう。例えば、「○○さんならきっとできる」などと互いにプラスのストロークを与え合うのです。

道徳的価値に照らして教材解釈を的確にした上で、登場人物への共感的理解を図ります。そしてそれらを足場に、考え、議論し、一層知的で今後の生活に生きる道徳的価値の理解を目指すことが重要です。

なお、道徳科の問題解決的な学習は、できるようになることやそのための練習をすることが目的の学習ではありません。あくまでも、道徳的判断力や心情、実践意欲や態度を高めるための学習の進め方の一つです。したがって、この授業では、終末に「責任を果たす場面を想像して書く」という活動を行いますが、実際に「具体的に、どのような場面で、いつまでに、何をどうするのか」というような行動の詳細について触れるようなことはしません。また、してはなりません。発問の文末を「場面と理由を書きましょう」としているのは、児童の実態として、ある程度具体的な活動のイメージをもたせることで、役割と責任の意味を自分事として捉えることができるようにするためです。その意味から、「場面を選んだ理由」と「それに向かう気持ち」が重要になると言えるでしょう。プラスのストロークを与え合うのはそのためです。

第4章

多様な指導方法を生かした「考え、議論する」道徳の授業づくり

CHAPTER 4

1

言語活動を生かした授業づくり

▼言語環境の整備と言語活動の充実

①言語能力

小学校学習指導要領第1章総則の第2の2の(1)で、次のように述べられています。

> 各学校においては、児童の発達の段階を考慮し、言語能力、情報活用能力（情報モラルを含む。）、問題発見・解決能力等の学習の基盤となる資質・能力を育成していくことができるよう、各教科等の特質を生かし、教科等横断的な視点から教育課程の編成を図るものとする。

言語能力は、教科等横断的な視点で育成するとしています。道徳科の多様な指導方法の一つに、問題解決的な学習が取り上げられたり、言語活動の充実や情報モラルを取り扱った授業づくりが求められたりしている根拠は、この部分にあります。もちろん、児童の発達の段階を考慮し、教育課程全体で育成していきます。

また、道徳科で用いられる教材が、道徳的価値の理解や自己の生き方についての考えを深めるための情報の一つだと考えるなら、道徳科は情報活用能力（情報モラルはもちろんのこと）を育成する場とも言えるでしょう。

②言語環境の整備と言語活動の充実

更に、そのことを受けて、第1章総則の第3の1の⑵では、言語環境の整備と言語活動の充実が述べられています。

> 第2の2の⑴に示す言語能力の育成を図るため、各学校において必要な言語環境を整えるとともに、国語科を要としつつ各教科等の特質に応じて、児童の言語活動を充実すること。あわせて、⑺に示すとおり読書活動を充実すること。

例えば、社会科では、「社会的事象の特色や意味、社会に見られる課題などについて、多角的に考えたことや選択・判断したことを論理的に説明したり、立場や根拠を明確にして議論したりするなど言語活動に関わる学習を一層重視すること」となっています。どの教科においてもその教科の特質に応じて育成が求められているのです。

道徳科では、

（「第3章　特別の教科　道徳」の「第3　指導計画の作成と内容の取扱い」の2）

⑷　児童が多様な感じ方や考え方に接する中で、考えを深め、判断し、表現する力などを育むことができるよう、自分の考えを基に話し合ったり書いたりするなどの言語活動を充実すること。

とされています。これだけ読めば、道徳科の特色はあまり強く出されていませんが、解説には、「言語は、知的活動だけでなく、コミュニケーションや感性、情緒の基盤である」と述べられています。

改めて、目的と手段を整理します。

【目的】
考えを深め、判断し、表現する力などを育むこと

↑

【手段としての言語活動】
自分の考えを基に話し合ったり書いたりするなど

仮に、より道徳科の特徴を出した表現にするならば、

> 児童が多様な感じ方や考え方に接する中で、「道徳的価値やそれに関する物事を多面的・多角的に、また、自分自身との関わりで様々に考え、判断し、表現する力を育むこと」や「道徳的価値の理解や自己の生き方についての考えを深める力を育むこと」を目的に、「話し合ったり書いたりする活動（手段・方法）」を充実することが大切である。

となります。ただ話し合ったり書いたりするのではなく、あくまでもその言語活動の目的を見誤らないようにすることが重要です。

▼話合い活動

話合いには、話すことと聞くことの双方があります。音声言語としての文字どおりの意味、及びその背後にある根拠やより広い考えなどを、時にはノンバーバルな情報（表情や語勢）なども含めて、やりとりすることが話合いです。そして、そのやりとりの中で、もともとあった「自分の考え」が変容したり、変わらず強固になったりします。

重要なのは、次の二点です。

①内容の共有

一つ目は、互いの意見を紹介し合い、共有することを目的とする場合です。この場合、双方の考えを知り合うことが大切なので、異なる感じ方や考え方があることは認識するけれど、どちらがよいのかなどの判断は求めない話合いです。

導入などで、これまでの経験などを出し合ったり、それを知り合ったりする活動ではよく見られます。道徳的価値への気付きや関心を高める目的で行うものですから「話し合う」というより「紹介し合う」という感じでしょうか。その活動を充実させるポイントは、児童の意見を否定せず、受け入れるような学級の雰囲気の醸成や教師及び児童による受け入れ態度の表明です。紹介し合うことは、道徳科では大切な言語活動です。

②内容の判断

二つ目は、話合いの観点を積極的に提示して立場を明確にした話合いや、どちらがより望ましいかなどの判断や思考の深化を求めるような話合いです。

判断ですから、その理由が話合いの対象、内容となります。しかし、必ずしもどちらかに収束させせなくてもよいところが道徳科の特徴です。なぜなら、道徳科では「物事を多面的・多角的に考えること」「自分自身との関わりで考えを深めること」こそが重要だからです。だから、結論は当面の個別的な判断にゆだねます。話合いの結果、自分自身としては、その問題を白黒はっきりできないことに気付いたり、そもそも判断の対象にならない、あるいは、してはいけない問題だということに気付いたりすることもあるでしょう。

学級経営が話合いの情緒的な側面を支えるとするなら、話合い方の学習が技能的な側面を支えます。その意味からも、国語科での学習が要となります。

▼書く活動

解説には、「児童が自ら考えを深めたり、整理したりする機会として、重要な役割をもつ」として、時間の確保、個別化、個別指導の機会、継続的な活動、成長の記録、評価に生かすなど、ポイントが明確に示されています。話合い活動同様、機能を二つ挙げます。

①考えを出すこと

書こうとすれば考えますから、どちらが手段でどちらが目的なのかはよいとして、教師は児童に対して、通常「しっかり考えることは書く」ように促します。

そのため、考える内容（事柄）と書き方を指示することが必要です。道徳科のほぼ全ての授業には書く活動がありますが、その内容には、三つの特徴があります。

考えを出すことにおいては、「自分の生活経験やそのときに感じたこと、考えたことを思い出すこと」、また、「教材の登場人物及び学級の友達の心情や行動の動機、判断などについて考えること」、そして、「価値の定義や行動の原則や条件などについて考えること」

の三つです。したがって、直接発問、指示する場合も含めて、この三つの点を授業で意識して書かせるようにすることがポイントになります。

②考えを深めること

書く活動は、話合いのきっかけづくりという側面が大きいのが道徳科の特徴です。話し合った後、同じ問いで再度考え直したりまとめ直したりする「書く活動」はあまりありません。「時間がとれない」というのが最大の理由です。なので考えを深めるという目的で書く活動が行われるのは、授業の終わり頃にある「自己の振り返り」での場合がほとんどです。重要なのは、「学んだ内容の明確化と自分への問いかけ」です。「学んだ内容」とは、教師の指導事項ということではなく、文字どおり「一人一人が自分事として学んだ内容」です。それが、板書上の複数の意見の中の一つなのか、または、自分の道徳ノートの記述にあるのか、それとも児童自身の頭の中にあるのかはその時々ですが、その内容を振り返りの観点として自分自身へ問いかけることが考えを深めることになります。「今日の授業では、相手の立場に立って、『見守る親切』(あえて手を貸さない親切)もあると学んだ。自分は温かく見守る親切をしたことがあるかな? これからは……」のようにです。

2

読み物教材の登場人物への自我関与が中心の学習の授業づくり

これ以降の「2」「3」「4」については、その概要は「『特別の教科　道徳』の指導方法・評価等について〈報告〉」（平成二十八年七月二十二日、道徳教育に係る評価等の在り方に関する専門家会議。以下、報告書）をもとにしています。「3」「4」は、解説にも掲載されています。

▼概要

ねらいは、「教材の登場人物の判断や心情を自分との関わりで多面的・多角的に考えることなどを通して、道徳的諸価値の理解を深める」ところにあります。これまでの道徳授業によく見られる指導方法と似ています。にもかかわらず、質の高い多様な指導方法の一つとして例示してあるのは、これまでの道徳授業の課題の一つである「教材の登場人物の心情理解のみの指導」にならないよう、しっかり区別し、授業を工夫するためです。

「子供たちが読み物教材の登場人物に託して自らの考えや気持ちを素直に語る中で、道徳的価値の理解を図る指導方法として効果的」と述べてあり、報告書には、例えば、次の三つの発問が例示されています。

・どうして主人公は、○○という行動を取ることができたのだろう（又はできなかったのだろう）

・主人公はどういう思いをもって△△という判断をしたのだろう

・自分だったら主人公のように考え、行動することができるだろうか

初めの二つは、登場人物になりきる共感的、分析的な捉えの内側発問です。三つ目は人物と自分を分けて考え、「自分なら」と考える投影的な発問です。三つとも教材内発問ですので、注意しないと、登場人物の心情理解のみの指導になってしまいます。教材内発問が場面ごとに連続すると、単調な授業展開になり、児童が受け身になるという懸念がありま す。取り上げる教材場面は、児童の関心が高く、考えてみたいと思うようなところを選ぶ必要があります。また、場面展開によっては、「4」で紹介する「道徳的行為に関する体験的な学習」（動作化、役割演技など）を取り入れるなど、意欲的な学習になるような

配慮が必要です。
展開後半、または終末では、自己の振り返りを行います。そこでは、本時の授業を振り返り、展開で学んだ道徳的価値を自分との関係で捉えたり、それらを友達同士で交流して自らの考えを深めたりするように工夫します。児童は、一般的に教材に描かれている状況で道徳的価値を理解することが多いため、同じ道徳的価値に関連するほかの生活場面に広げたり、少し違う条件に当てはめたりするなどの価値や行為の一般化を図ることが有効です。

道徳的価値を理解する場合、三つの側面があります。一つ目は、通常言うところの価値理解です。価値のよさや意義、よい理由などの把握です。二つ目は、その価値理解の多様さです。人によってよいと考える対象や程度が少しずつ違うことなどを理解することです。他者理解と言います。三つ目は、人間理解と言われる側面です。人間は、道徳的価値をよいと分かっていても、なかなかできない弱さや醜さももっています。また、そのような弱さを乗り越えて道徳的価値の実現を図る強さや尊さも同時にもっていることを理解することです。読み物教材の登場人物への自我関与が中心の学習の授業づくりでは、登場人物の教材内での役割を超えて、幅広い道徳的価値の理解を図るようにします。

▼授業例　ブラッドレーのせい求書（「わたしたちの道徳　三・四年」三年　C―⒂家族愛、家庭生活の充実）

①あらすじ

ブラッドレーは、朝食時「お使いちん　1ドル、おそうじした代　2ドル、音楽のけいこに行ったごほうび　1ドル、合計　4ドル」と書いた請求書を置きました。母は、お昼に4ドルと、「親切にしてあげた代　0ドル、病気をしたときのかん病代　0ドル、服や、くつや、おもちゃ代　0ドル、食事代と部屋代　0ドル、合計　0ドル」という請求書を置きました。それを読んだブラッドレーの目は、涙でいっぱいになりました。

②ねらい

家族のためにする行為やそのよさ、意味を考え、家族で協力し合って楽しい家庭をつくろうとする心情を育てる。

③授業の様子

登場人物の行為の動機や心情を対比（これが本時の多面的・多角的に該当）させて考えることを通して、道徳的価値の理解及び自己の生き方についての考えを深める授業です。

導入では、一般に家族のためにしていること（お手伝い）について発表させ、「家族愛、家庭生活の充実」へ方向付けることが多いです。この授業では、最後の振り返りの部分でお手伝いをしているときの気持ちなどを出させるために、教材への導入として「おこづかいをもらっているかどうか」「何につかっているか」などを発表させました。

教材は場面絵と合わせながら読み聞かせ、象徴的な部分を左右対称にして貼付します。板書Aの発問では、例えば「うまくいった」「もうかった。これで好きなものが買える」など動機に関わる想像が多く発表されました。反対に「少し悪いかな」「うまくいきすぎた」など後悔の念なども出されました。それを捉えて、「悪いかなと感じながらも、やってしまったのはなぜだろうか」などと問い返すのが有効です。人間理解に関する事柄です。もともと、こんなことをしてはいけないと思っている児童がほとんどなので、投影的な発問「あなたならどんなことを考えますか」をするのはふさわしくありません。だからこそ人物の姿を借りて、役割演技などをすることで一層自我関与させることが有効です。

板書Bの発問では、例えば、「お母さんは、いつも僕の面倒をただでみてくれていることを忘れていた」「僕は悪いことをしていた」「謝ろう。そして、お母さんや家族のためにできることをしよう」などが出されました。Aと同様「そんなに簡単に考えが変わるのでしょうか」と問い返すことも、振り返りを充実させる上では、効果があります。

それぞれの活動が終わるときに、「ブラッドレーと同じような気持ちになったことがありますか。そのときどんなことを考えましたか」など、自分の生活や経験を振り返らせることが必要です。自分自身との関わりで道徳的価値の理解を促すためです。

A・Bを踏まえて、「この学習からどんなことを考えましたか」などの外側発問で、児童が自分なりの価値理解を図る活動を行います。「自分だけがいつもし

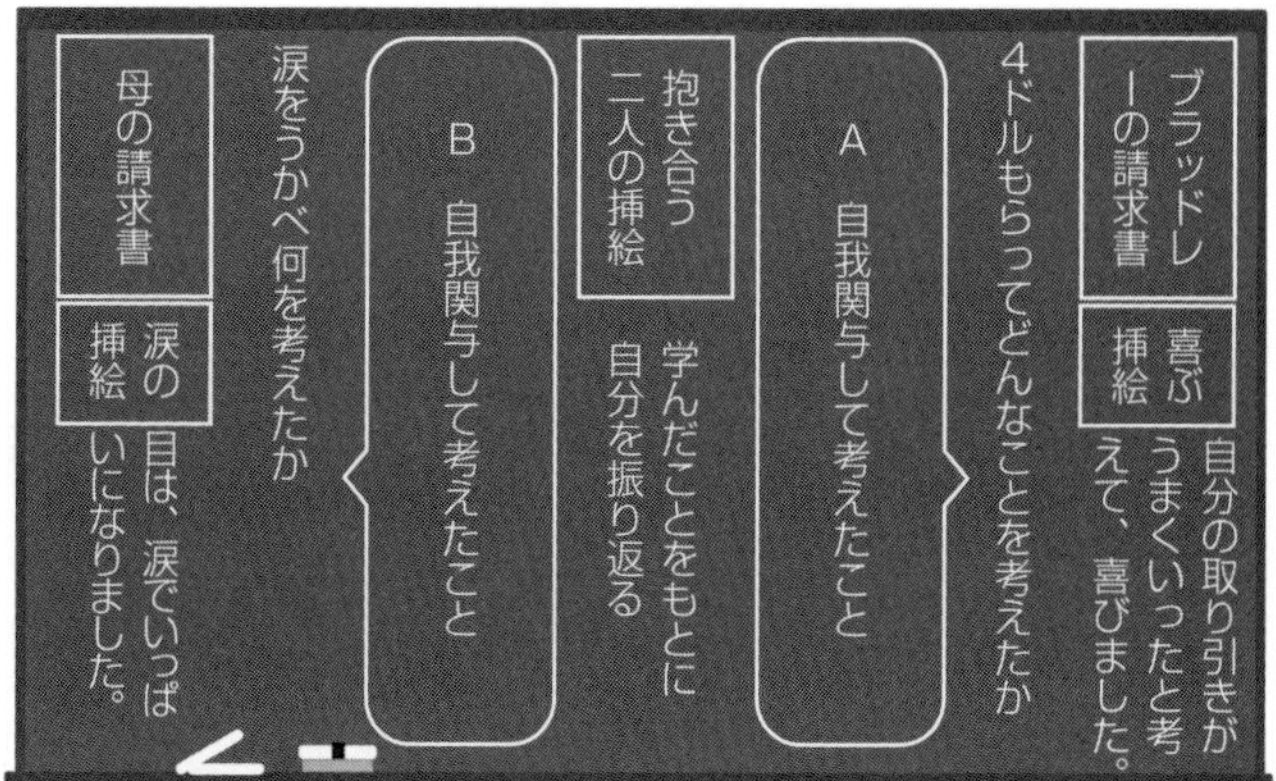

てもらうだけではなく、家族のために何かすることが大切」とか「何か家族のためにするのは当たり前」などの意見が出されます。「あまりできていないなあ」などの意見も同様に大切にします。

内容項目は、「家族愛、家庭生活の充実」ですから、ほかの内容項目にならない方が望ましいです。しかし、この学習から、児童が学ぶであろう事柄には、Aの「正直、誠実」である「過ちは素直に改め、正直に明るい心で生活すること」とか、同じくAの「節度、節制」の「自分でできることは自分でやり、安全に気を付け、よく考えて行動し、節度のある生活をすること」などに関することがあることも事実です。

したがって、この活動で、例えば、「悪いことをしたら、すぐに謝ることが大切だと思った」や「もう、中学年なのだから、自分でできることはやらなければいけない」などという意見が出ることは十分予想されます。

そのため、Bの心情理解の活動のときに「母は」や「家族として」などの内容項目に関連が深い事柄や言葉について、強調しておくことが効果的です。

また、「すぐに謝ることが大切」という意見が出たなら、「誰に謝るのですか」として、「母」「家族」を際立たせた上で、「どうして謝らないといけないのでしょうか」と問い返して、「家族の一人として、母親に……」などを引き出すことが有効です。

同様に「自分でできることは自分ですることが大切」という意見が出たなら、「自分がしなければ誰がするようになりますか」などと問い返して、家族の一員として、自分のことは少なくとも自分ですることが必要であることを確認します。

ただし、あまり露骨に何度も問い返すことは、レールに乗った授業や押し付け道徳につながりかねないことから、やわらかく、家族愛や家庭生活の充実につながるように関係付けることが求められます。

そして、最後の、自己を振り返る活動では、「家族のためにどんなことをしていますか。そのとき、どんなことを考えたり感じたりしますか」などと問います。していること中心なら「態度」、考えたり感じたりしたこと中心なら「心情」がねらいになります。どんな小さなお手伝いでもその動機を含め、しっかり書き、認め合うことがポイントです。

なお、家族について描かれている教材を通して学ぶ場合は、多様な家族構成や家庭状況があることを十分踏まえた上で、しっかりと配慮することが欠かせません。その意味でも、担任が道徳科の授業を担うことがとても有効だと言えます。

3 問題解決的な学習の授業づくり

▼概要

報告書によれば、ねらいは、「問題解決的な学習を通して、道徳的な問題を多面的・多角的に考え、児童生徒一人一人が生きる上で出会う様々な問題や課題を主体的に解決するために必要な資質・能力を養う」ところにあります。

道徳的な問題には、例えば、「道徳的諸価値が実現されていないことに起因する問題、道徳的諸価値について理解が不十分又は誤解していることから生じる問題、道徳的諸価値のことは理解しているが、それを実現しようとする自分とそうできない自分の葛藤から生じる問題、複数の道徳的価値の間の対立から生じる問題」などがあり、単なる日常生活の諸事象とは異なるとされています。

導入で問題の発見などを行います。展開では、問題の探究（道徳的な問題状況の分析・解決策の構想など）を行います。例えば、次のような発問が例示されています。

・ここでは、何が問題になっていますか
・何と何で迷っていますか
・なぜ、■■（道徳的諸価値）は大切なのでしょう
・どうすれば■■（道徳的諸価値）が実現できるでしょう
・同じ場面に出会ったら自分ならどう行動するでしょう
・よりよい解決方法にはどのようなものが考えられるでしょう

道徳的価値の解釈や自分なりの再定義、道徳的価値の理解などを主体的、問題解決的に行う学習方法です。解決方法を話し合う場合は、その理由、動機などを引き出し、価値理解や資質・能力の育成につなげなければなりません。学級や家庭などで身近で切実な実際の問題を解決することとは違うからです。

展開の後半や終末で、探究のまとめや自己の振り返りなどを行います。例えば、問題を解決する上で大切にした道徳的価値について、それを大切にした理由などを話し合い、考えを深めたり、問題場面に対する自分なりの解決策を選択、決定する中で、実現したい道

徳的価値の意義や意味への理解を深めたりします。

その際、単なる知識や理解としての価値理解にとどまらないようにすることが必要です。そこで、理解した道徳的価値が自分の生活を含め、誰にでも当てはまるのか、どんなときでも当てはまるのか、仮に当てはまらないとすれば、どのような条件が伴わないとならないのか普遍化できるかどうかなどを検討することも効果的な学習です。仮説を立てたり、原則を考えたりして、価値理解を多面的・多角的に行うことが求められます。その意味では、ほかの道徳的価値との関係を明らかにすることも問題解決的な学習になります。

他教科においても同様のことが言えますが、問題解決は、当面の解決にしかすぎないため、授業の終わりに、新たな問題が出てくることも少なくありません。今後も考え続けたいという思いをもてるような授業にすることが望ましい場合もあります。

終末では、ほかの指導方法でもよく行われる教師の説話に加え、新たな問題解決への意欲や自分の生活への適用、そのためにできること、しなければならないことなど、自己の生き方についての考えを深めるようにします。

▼授業例 うばわれた自由（「私たちの道徳 五・六年」六年 A―⑴善悪の判断、自律、自由と責任）

①あらすじ

森の番人ガリューは、きまりをやぶったジェラール王子をとらえようとしましたが、「固いことを言うな」としたがいません。「自分だけに都合がいいのはわがままだ」と諭すと牢屋に入れられてしまいました。後日、自分勝手な王子は王になるも、裏切りにあい牢屋に入れられ、ガリューと再会します。後悔して泣く王に対して、ガリューは「王が牢屋から出たら一緒に本当の自由を大切にして生きましょう」と言いました。

②ねらい

自由について考え、自由を大切にし、自律的に判断し、責任のある行動をしようとする態度を養う。

③授業の様子

導入では、黒板及び道徳プリントの右枠の部分に「自由」について連想することを書きます。具体的な行動（ゲームを好きなだけする、宿題をしない、夜ふかしをする、など）と心持ち（ゆったり、伸び伸び、すっきり、心配事がない、など）を書き発表します。授業はじめの「自由に関する考え（自由観）」をもたせる活動です。

展開では、教材「うばわれた自由」を読み聞かせた後、ガリューの行動やそのときの動機を話し合います。視点C―⑿規則の尊重にならないように「きまりを守る」ことの大切さではなく、「自分勝手をしない」ことの大切さの方を強調します。したがって、「ガリューはきまりをやぶった王子が許せない」と述べた場合は、「なぜ、きまりはあるの？」などと問い返して

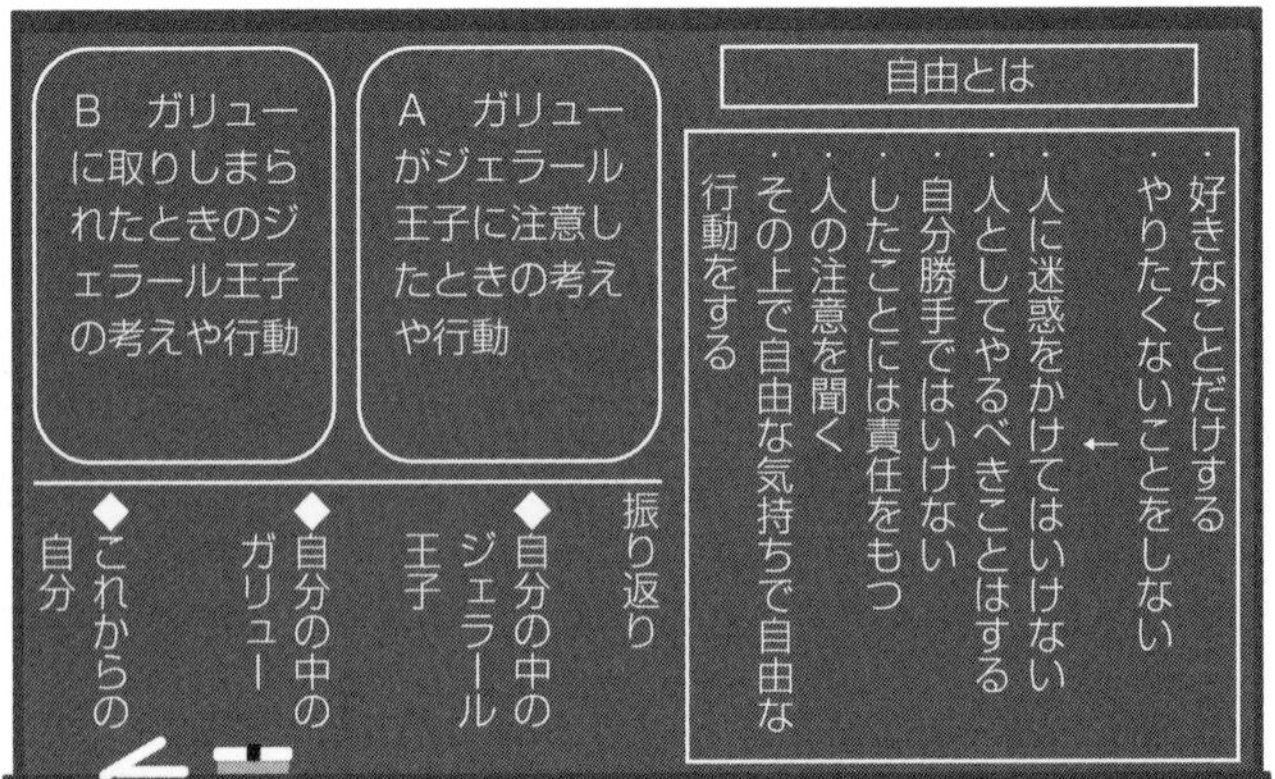

「自分勝手なことをさせないため」などを引き出し、「自由―自分勝手」の価値構造に引き寄せることが必要です。

次に、王子の行動や動機などについて内側発問をし、「自由な暮らしをしたい。窮屈な生活は嫌だ」などを対比的に学習させます。

教材での学習は、展開前半（板書左上）で早めに切り上げて、その学びを踏まえて、今一度、板書右の「自由とは」の部分に戻り、付け加えさせます。

この内容項目及びこの教材で重要なのは、児童の具体的な生活、経験、行動を出し合いながら進めることです。

そこで、板書左下の「自分の中のジェラール王子」「自分の中のガリュー」を想起させ、実際の行動や気持ちを出させます。

そのために、「学校では」とか「家庭では」など場面を限定したり、「友達に対して」「家族に対して」など人物を投げかけたりしながら進めます。

その上で、三回目になりますが、終末で、板書右に付け加え（行動や場面、対象、そして考え方）る機会を設けます。自由についての解釈、定義、納得解を更に膨らませます。

4

道徳的行為に関する体験的な学習の授業づくり

▼概要

報告書によれば、ねらいは、「役割演技などの疑似体験的な表現活動を通して、道徳的価値の理解を深め、様々な課題や問題を主体的に解決するために必要な資質・能力を養う」ところにあります。

道徳的行為に関する体験的な学習は、一般に三種類に分けられます。

一つ目は、動作化です。教材の場面や条件に合わせて、おおむねその記述どおりに動きます。読んだり聞いたりするのとは違って、実際に体を動かしながら話すと、その状況が実感を伴って理解できます。

二つ目は、役割演技です。役割演技は、教材の場面や条件を踏まえながらも即興的で創造的な行動をします。教材に書かれていない動作や言葉を演じたり、続きをつくったりします。自分でも意識、理解していなかった道徳的価値を理解することがあります。

三つ目は、日常生活で実際に行う挨拶や丁寧な言葉遣いなどの具体的な道徳的行為をして、礼儀のよさや作法の難しさなどを考えたり、相手に思いやりのある言葉をかけたり、手助けをしたりして親切についての考えを深めたりするような学習のことです。行動の仕方、スキルを身に付けるためにやるのではないので、上手に行動することを目的に行動の練習をすることはふさわしくありません。したがって、日常の具体的な道徳的行為は授業の前半で行うことが多く、授業のまとめの部分において、よりよい行為の練習や発表などという形で行うことはふさわしくありません。

三つとも、体験的行為や活動そのものを目的として行うのではなく、活動を通して道徳的価値を実感的に理解できるようにするために行います。また、動作化や実際の道徳的行為を取り入れる場合は、全員がペアなどで一度に行うことが可能ですが、役割演技は、演者を適切に選び、一、二組が順に教室前に出て演じ、その様子を観客（演者以外の児童）が見た後、演者及び観客それぞれが感じたことを発表するなどして、学習を展開します。ソーシャルスキルやコミュニケーションスキルを身に付けさせることが目的にならないように留意します。

導入では、教材の中に含まれる道徳的諸価値に関わる葛藤場面を把握したり、日常生活で、大切さが分かっていてもなかなか実践できない道徳的行為を想起し、問題意識をもてるようにします。

展開前半では、道徳的な問題場面を動作化や役割演技などで表現させ、実感的な理解を図ります。教師から「やってみましょう」と投げかけたときに、「よし、やってみよう」と思える程度には、児童の関心を高めておくことが必要です。そのため、道徳科の授業では、少しずつ体験的な学習に慣れさせ、学び方の楽しさを感じ取らせておきます。

展開後半では、体験的な学習で感じたことや考えたことを出し合います。人によって感じ方、考え方が違うことなどを捉えて、多面的・多角的に価値理解を図ります。思わず発した言葉や行った行為などの意味やよさをみんなで話し合ったり、時には、よりよい行動を考えたりすることが効果的です。スキル学習ではありませんが、実生活でよりよい行動をとろうとする意欲や態度を高めることは必要です。

▼授業例　たびに出て（「わたしたちの道徳　一・二年」一年　B―(9)礼儀）

①あらすじ

あいさつじまのさるたちが元気な声で挨拶をすることを面倒に思うけいたは、あいさつのないしまに行きました。水飲み場を知りたくて島のさるに話しかけてもみんな黙って行ってしまいます。立ち止まってくれたさるは、指をさして「あっち」と言うだけです。けいたはあいさつじまのことを思い出し、次の日出会ったさるたちに思いきって挨拶をしました。すると小さな声で返事が返ってきたので、次の日からもっと元気な声で挨拶をし続けると、あいさつのないしまに元気な挨拶があふれ出しました。

②ねらい

挨拶の力を考え、気持ちのよい挨拶や言葉遣いなどを心掛けて、明るく接しようとする態度を養う。

③授業の様子

導入では、日常生活の挨拶を実際に行い、挨拶や礼儀に対する関心を高めます。ペアで「おはようございます」「こんにちは」などを順に行うことで、児童は挨拶の気持ちよさ、あるいは、その難しさを味わいます。特に感想を発表させることはしないで、「挨拶にはどんな力があるかな」という学習課題（めあて）を提示します。

展開では、まず教材「たびに出て」を教師が読み聞かせます。場面ごとに挿絵がありますので、読みながら黒板に提示するのがよいでしょう。この教材は、紙芝居風になっており、動作化や役割演技を前提につくられているように読めます。

展開前半は、動作化で学習を深めます。水飲み場の場所を知りたくて話しかけても黙って行ってしまう場

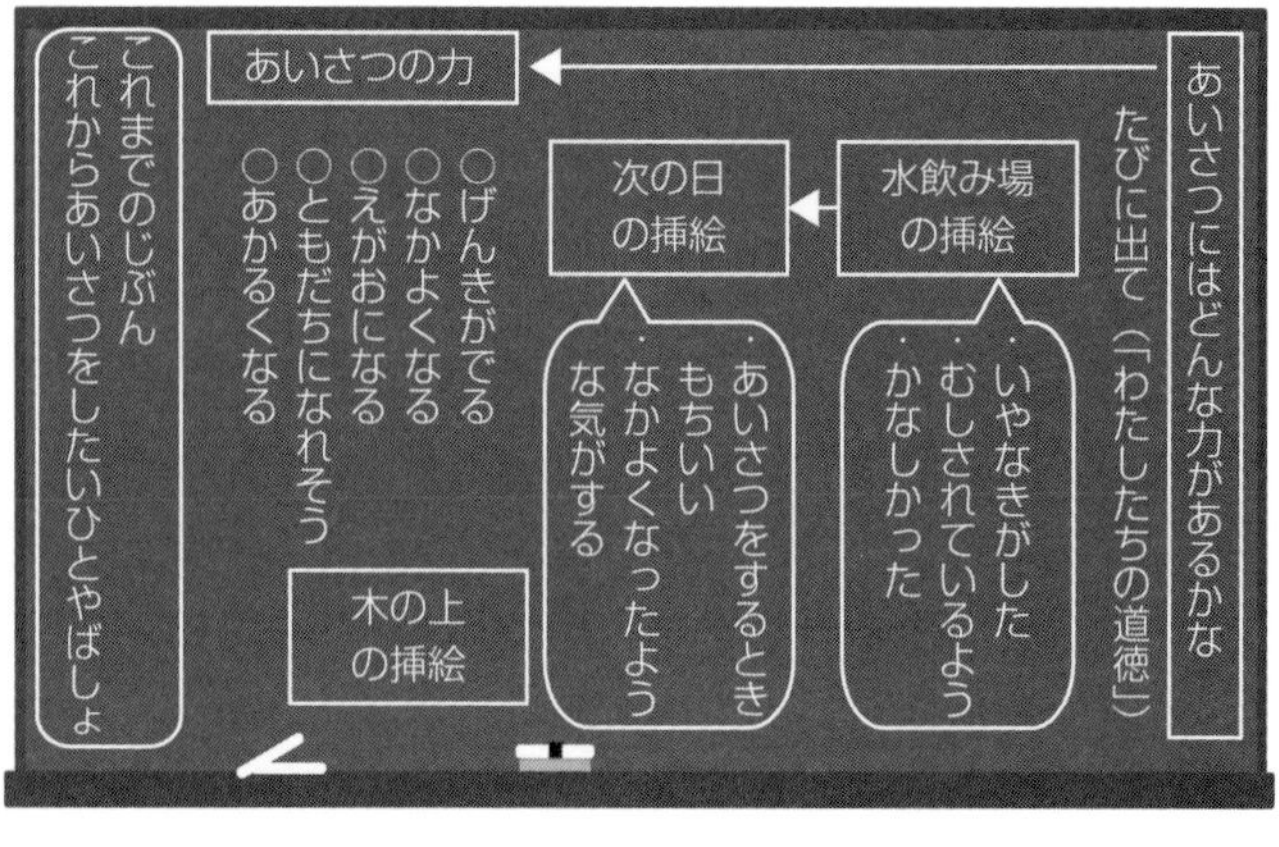

あいさつにはどんな力があるかな
たびに出て（「わたしたちの道徳」）
水飲み場の挿絵
次の日の挿絵
・いやなきがした
・むしされているよう
・かなしかった
・あいさつをするときもちいい
・なかよくなったような気がする
あいさつの力
○げんきがでる
○なかよくなる
○えがおになる
○ともだちになれそう
○あかるくなる
木の上の挿絵
これまでのじぶん
これからあいさつをしたいひとやばしょ

面です。隣同士で、A「水飲み場は、どこですか」↓B（黙って行ってしまう）、A「水飲み場はどこですか」↓B（あるいはC）「あっち（と指をさすだけ）」を役割交代して行います。実際に動作化することによって、相手の呼びかけを無視して応えないことや素っ気なく応答された際の悲しさが強く感じ取れます。「どんな感じがしましたか」と問えば、すぐに「嫌な気がした」「無視されているような気持ちになった」「悲しかった」などと反応が返ってきます。挨拶がないだけではなく、話しかけてきた相手を嫌な気持ちにさせるような接し方だとまとめます。

引き続き、次の日の挨拶の場面を動作化してみようと投げかけます。小さな声で返事が返ってきた次の日、少しずつ元気な挨拶をするようになってきた次の次の日などを教師が主導してテンポよく動作化させます。導入で普段の挨拶をしていますから、あまり抵抗なくできます。もちろん、役割演技として続きを演じさせることも可能です。

そして、中心発問として「素っ気ない場面と元気な挨拶をした場面を実際にやって比べて、どんなことを感じましたか、考えましたか」と問います。「挨拶をすると気持ちいい」「挨拶をしないと寂しい」「挨拶は、人と人を仲よくさせる、友達になれる」など児童の挨拶観が出されます。ここは、自由に様々に発表させます。

それらを踏まえて、「挨拶は人と人を仲よくさせる力がある」「気持ちよくする力がある」とまとめ、「これらが、みんなが考えた学習のめあての答えだね」と伝えます。「夜、けいたが木の上で考えたことは、挨拶の力を使って、島の人と仲よくなろうということだったのかもしれないね。みんなもけいたになれそうだ」と強調します。

学習のめあてに対する答えをみんなで見付けられたことや挨拶のよさが分かったことを教師に認められて、嫌な気持ちになる児童はいません。そのため、児童の学習に対して、肯定的な捉えを積極的に返すことが有効です。

終末は、「これまでの自分はどうでしたか」「これから、挨拶の力をどんなところで使っていきたいですか」と実践意欲や態度を高める活動を行います。

この期の児童は、比較的挨拶をしっかりするので、これまでの自分をよいように捉えるでしょう。また、家庭や学校などの具体的な場面を想起することは比較的容易です。教師は、できると言っている児童をしっかり認め、励まし、「挨拶の力をしっかり発揮できるといいですね」と返すことが求められます。

とかく、教師は、「本当にできていますか?」などと懐疑的な「返し」をすることがありますが、この授業では、児童がよくできていると言うなら、それを信頼し、頼もしく感じていることを伝えることが有効でしょう。

なお、冒頭でも述べたとおり、道徳的行為に関する体験的な学習を取り入れた授業は道徳的行為のスキルを高めることが目的ではありません。したがって、この授業でもよりよい挨拶の仕方、方法についての理解を深めたり、具体的な技能を高めたりはしません。あくまでも、「挨拶がもつよさ」「礼儀という道徳的価値」についての理解や解釈を深めるための方法として「挨拶をしてみるという動作化、道徳的行為に関する体験的な学習」を行っています。

また、板書にあるように、挨拶のもつよさ（授業では「挨拶の力」と表現しています）が、内容項目にある「明るく接すること」の一つの手段であることを忘れてはなりません。なぜなら、内容項目の文末に表現されているように、低学年の段階での「礼儀の最終的な内容」は「明るく接すること」だからです。そのために、「気持ちのよい挨拶、言葉遣い、動作などに心掛ける」ことを通して、「明るく接する」ことのよさを学べるようにすることが必要です。板書では、「明るく接すること」につながるように、児童の発言を踏まえて、「挨拶の力」を「元気」「仲よく」「笑顔」「友達」「明るく」などと具体化して表記しています。それら全てが、「明るく接すること」の意味だという位置付けです。

5

情報モラルを取り扱った授業づくり

▼概要

学習指導要領には、「児童の発達の段階や特性等を考慮し、第2に示す内容との関連を踏まえつつ、情報モラルに関する指導を充実すること」とあります。児童が情報機器を日常的に用いる環境の中で、児童の実態に応じた対応が学校教育の中で求められています。したがって、学校の教育活動全体で取り組むべきものですので、道徳科においても情報モラルに関する指導を充実させる必要があります。

解説に書かれていることを中心に、重要な点を書き出してみます。

まずは、情報モラルと道徳の内容についてです。情報モラルとは、「情報社会で適正な活動を行うための基になる考え方と態度」とされています。「情報社会の倫理、法の理解と遵守、安全への知恵、情報セキュリティ、公共的なネットワーク」があります。道徳科に関しては、情報社会の倫理、法の理解と遵守といった内容が中心となります。内容項目で言えば、「親切、思いやり」や「礼儀」などの指導の際に、インターネット上の書き込みやすれ違いなどに触れたり、「規則の尊重」を指導する際に、著作権について触れたりすることがあります。教材については、第2章で「情報モラルと現代的な課題に関する教材の特徴と生かし方」を述べていますので、参照してください。

実際に授業づくりをする際には、道徳科ならではの指導の工夫や配慮が求められます。解説では、教材に表現されている「情報モラルに関わる題材を生かして話合いを深めたり、コンピュータによる疑似体験を授業の一部に取り入れたりするなど、創意ある多様な工夫」が必要だとされています。

情報機器を使うときには、送信先の人の表情や感情、置かれている状況が分からないことが多いので、対面でのやりとりとの相違点を理解したり、電子メールの表現が読み手に与える影響、多義性について話し合ったりするなどの工夫が必要です。同じ表現でも受け手によっていろいろな解釈がなされることを「多面的・多角的に捉える」ことや「自分自身との関わりで捉える」ことなど、道徳科の目標や評価に関する視点を生かしながら、授業化することが必要です。

更に、情報モラルを扱う場合、ねらいに設定する内容項目や道徳的価値について、情報モラルの観点からのみ理解することにならないように留意することが大切です。インターネットなどに起因する心情や行動のすれ違いなどを題材にした場合であっても、通常の親切や思いやりに関する実際の触れ合いのある場面や行動との共通点を考えるなどして、価値の一般化を図り、より実感を伴う学習にすることができます。情報機器を扱う場合でも通常の触れ合いの場合でも、相手を思いやり相手の立場に立って考えることは同じだという理解を図ります。

なお、情報モラルを取り扱う場合、実際の生活で情報機器をどの程度使っているのか、個人差が大きく、保護者の考えにも差があることから、事前に実態を調査するなどして、必要な配慮を行うことが求められます。事前調査はもとより、指導後に保護者、ＰＴＡの協力を得ることが大切だと考えます。

▼授業例　知らない間の出来事（「私たちの道徳　五・六年」　六年　B―⑽友情、信頼）

①あらすじ

転入してきたあゆみが携帯電話を持っていないことを理由に、同じクラスになったみかは「今度の転入生、友達があまりいないみたい」とクラスの友達にメールしました。すると、その友達が邪推して「前の学校で仲間外れにされ、この学校に転校してきた」とみんなに広げました。そのことを聞いたあゆみは、このままだと本当に仲間外れになってしまうと思い、帰りの会で、「根も葉もないことをメールで勝手に流されてとても悲しい」と訴えました。

②ねらい

友達と信頼し合うことについて考え、学び合って友情を深め、人間関係を築こうとする判断力を高める。

③授業の様子

導入は、二通りあります。一つは、情報機器の所持やインターネット利用の割合などのデータやアンケート結果の提示です。もう一つは、友達との人間関係での悩みやトラブルの割合や事例の提示です。

展開では、教材内の二つの回想を順に示します。黒板中央に横線を引き、上にあゆみ、下にみかの回想のポイントを書きます。上下で時間を合わせて、時系列を明確にします。

問題解決的な学習にするために、展開では、まず「何が問題だったのでしょうか」と発問します。言うまでもなく「携帯電話を持っていなかった」ことから勝手に想像して、その転入生のことを「友達がいないみたい」とクラスの友達にメールしたこと。そして、そのメールを受けた友達が「仲間外れ」に結び付け、

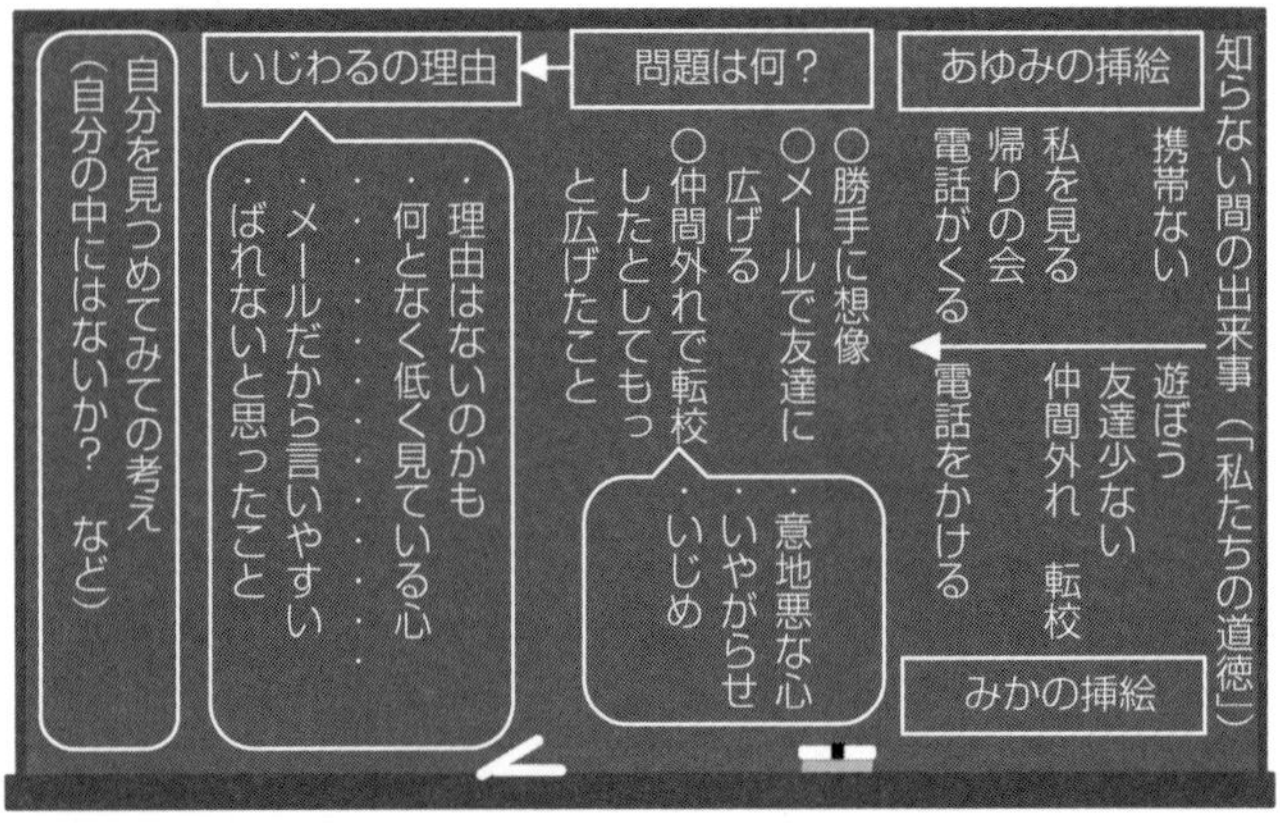

更に「それが原因で転校した」と多くの友達に広げたことです。それらをまとめた後、「本当の問題は、行為ではなく、それをした人の心の中にある感情や考えだけれど、それは何でしょうか」と問います。児童は、「意地悪な心」「嫌がらせの心」「いじめの心」などと発言します。行動と対比させながら板書した後、これらが「本当の（道徳的な）問題」だと確認します。

展開後半では、「みかやクラスメイトが『意地悪な心』で勝手な想像をメールしてしまった理由は何でしょうか」という中心発問をします。「何となく人を馬鹿にしたい気持ちがあった」「転入生だから珍しくてからかう気持ちがあった」などの中に「メールだと何となく悪口を言いやすかった」「ばれないと思った」など、情報機器使用に関係する意見が出てきます。それらを捉えて、情報モラルについて補説します。

終末では、自分を関わらせる学習をします。「そういう考えが自分の中にもあるかもしれないのではないか」と「自分を見つめさせる」のです。そのため、反対（自分）の立場ならよいか、また、誰もがされてよいか（一般化の検討）と多面的・多角的に考えさせます。それらは、いじめの醜さ、及び解決に向けた努力の尊さを自分事として理解させることです。

6 現代的な課題に関する授業づくり

▼概要

現代的な課題を取り上げた教材を用いる場合は、「多面的・多角的に考えること」「自分自身との関わりで考えること」など、道徳科が大切にする評価の考え方を色濃く出すことが一層可能であり、重要です。簡単には解決できないからこそ「現代的な課題」なのですから、いたずらに急いで結論を求めることはしないで、一人一人がこれからも「考え続ける態度」をこそ大切にした指導の工夫が求められます。

また、高学年などでは、社会科、理科、家庭科、総合的な学習の時間などとの関連を図りながら指導することや、給食など学校生活と関連付けての指導も必要となります。

例えば、キャリア教育はどの学年でも行われていますが、とりわけ、六年生での実践が多いと考えます。特に、総合的な学習の時間で、卒業や進学を控えて、自分の生き方について考える学習を行うことがあります。そのような学習と関連付けて、道徳科のA―(5)「希望と勇気、努力と強い意志」やA―(4)「個性の伸長」などのように、主として自分自身との関わりの視点から追求を深めることや、C―(16)「よりよい学校生活、集団生活の充実」、D―(22)「よりよく生きる喜び」などの内容項目で指導することができます。

また、健康教育では、学級活動や体育科（保健領域）で指導を充実させています。その際、道徳科のA―(3)「節度、節制」やD―(19)「生命の尊さ」などで指導することが効果的です。同様に、法教育に関連したC―(12)「規則の尊重」、国際理解教育と関連するC―(18)「国際理解、国際親善」、伝統文化教育におけるC―(17)「伝統と文化の尊重、国や郷土を愛する態度」など、どのような内容項目も現代的な課題に関連付けた授業が可能となります。

持続可能な発展を巡っては、環境や貧困、人権、平和、開発などの様々な問題があり、これらも、各教科、領域などとの関連的な指導が有効です。

更に、教材が「非連続型テキスト」であることも少なくありません。例えば、グラフや表を読まなければならないようになっていたり、別々の立場の人の意見が並列で述べられていたり、印象的な写真や絵が掲載されていたりするような教材です「多面的・多角的に考えること」においては、有効な教材が多くなります。逆に、「自分自身との関わりで考えること」は難しい場合もあるかもしれません。通常の「読み物教材の登場人物への自我関与が中心の学習」にしづらいこともあると考えられます。したがって、問題解決的な学習で行うことが多いので、学習課題の設定の仕方が、その後の探究活動を左右することになります。

なお、情報モラルに関する学習や現代的な課題を取り上げた学習では、市や県にある関係機関と連携して授業を行うなど、道徳科の授業への積極的な参加や協力を得る工夫をすることで、一層多様な見方、考え方があることに触れさせることができます。それにより、多面的・多角的で、自分との関わりを深める視点からの学習が可能となり、特定の見方や考え方に偏った取扱いをしないようにもできます。

現代的な課題を扱った教材については、第2章で「情報モラルと現代的な課題に関する教材の特徴と生かし方」として述べていますので、参照してください。

▼授業例　地球にやさしい生活
（「わたしたちの道徳　三・四年」四年　D―⑳自然愛護）

①あらすじ（非連続型テキスト）

毎日、たくさんの物を作って、たくさんの物をごみとして捨てています。それは当たり前のことでしょうか。「自分だけならだいじょうぶ」そんな気持ちはないでしょうか。ちょっと立ち止まって考えてみましょう、というリード文があり、次にごみの量（日本全体、一人当たり）のグラフ。ごみ捨て場の写真。ごみ清掃員の立場からの意見文。農作物の生産者からの意見文。３Ｒの投げかけ。「わたしたちにできることをさがそう」という実践記録のページ（学校生活、家、地域の三場面、実践後の感想欄）があります。

②ねらい

資源を大切にし、ごみを少なくする生活について考え、自然を大切にしようとする態度を養う。

③授業の様子

導入では、まず学習課題「自然を大切にすることを考えよう」を示して、イラストにある四場面（子供が朝食を食べている場面、女性が大根の葉を捨てている場面、男性が新聞と雑誌をごみ箱に捨てている場面、子供が水を流しながら歯みがきをしている場面）の感想を尋ねます。「大根がもったいない」「雑誌は違う捨て方をする」「水がもったいない」などの発表にあわせて、黒板上で、「最後まで使う」「分別する」「むだ使いしない」などとまとめ、再度、学習課題を示し、社会科の学習もあわせて想起させます。

展開前半では、ごみ捨て場の写真を見た後、ごみの量のグラフを見て、「25ｍプール約42万ばい、積み重ねると約５００㎞！」で実感させます。

引き続き、「ごみ清掃員」と「農作物生産者」の立

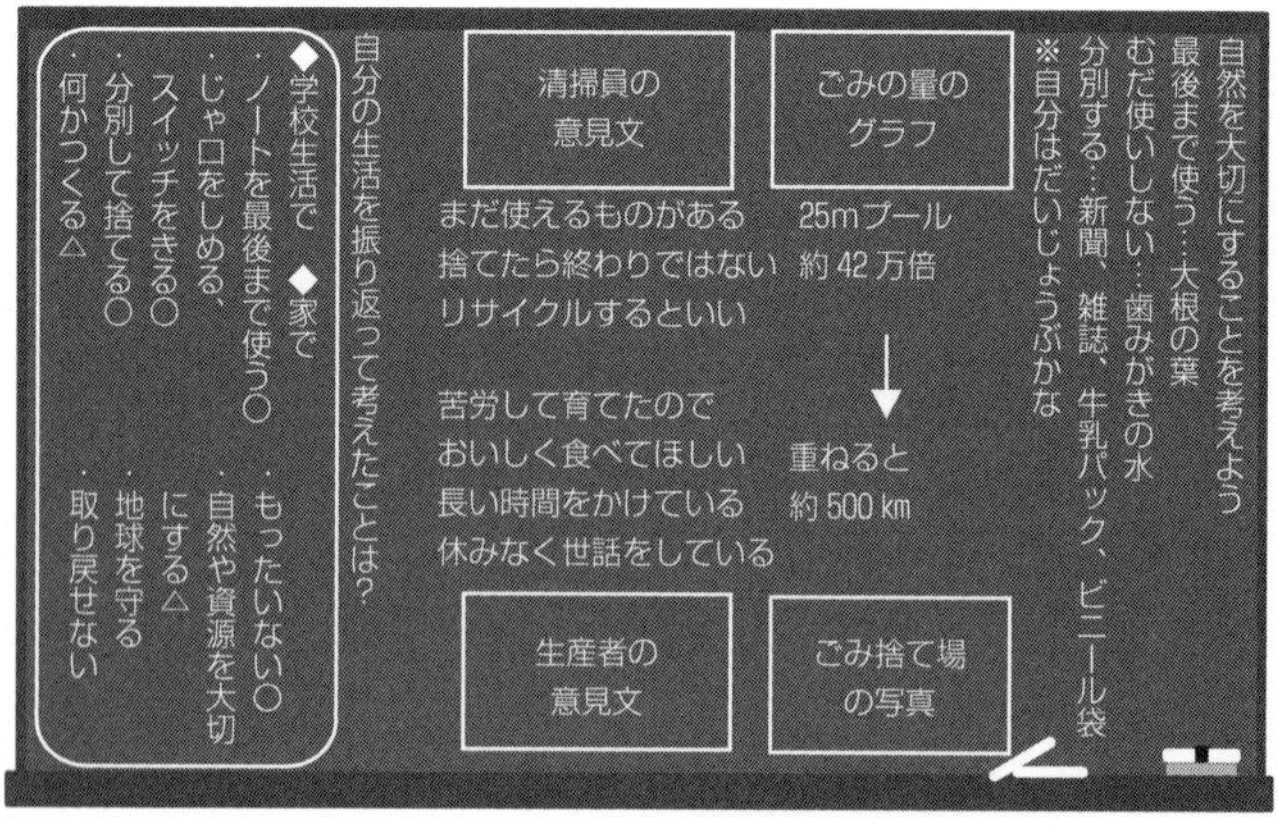

自然を大切にすることを考えよう
最後まで使う…大根の葉
むだ使いしない…歯みがきの水
分別する…新聞、雑誌、牛乳パック、ビニール袋
※自分はだいじょうぶかな
ごみの量のグラフ
25mプール
約42万倍
重ねると
約500㎞
ごみ捨て場の写真
清掃員の意見文
まだ使えるものがある
捨てたら終わりではない
リサイクルするといい
苦労して育てたので
おいしく食べてほしい
長い時間をかけている
休みなく世話をしている
生産者の意見文
自分の生活を振り返って考えたことは？
◆学校生活で
・ノートを最後まで使う○
・じゃ口をしめる、スイッチをきる○
・分別して捨てる○
・何かつくる△
◆家で
・もったいない○
・自然や資源を大切にする△
・地球を守る
・取り戻せない

場からの意見文を読みます。「それぞれの人が言っていることについてどう感じましたか。二人組で感想、考えを伝えましょう。まず、ごみ清掃員の意見からです」という中心発問をします。ごみを分別することは既に日常生活で実践している児童が多いことから、児童の反応は、「分別しないともったいない」などの共感的な意見と、「自分がやっていることの紹介」になります。家庭での実践例は後で取り扱うことから、「すてたら終わりではなく、すてた後のことも考えてほしい」という意見を共通理解します。生産者の意見文についての児童の意見の方が身近で分かりやすいため、「給食を最後まで食べた方がいい」「好き嫌いをしないのがいい」などが出ます。

冒頭で述べたとおり、この教材は、「非連続型テキスト」です。ごみの量を実感させるため「プール○万倍」などと書かれていたり、「ごみ清掃員」と「農作物生産者」の意見文が並列して掲載されたりしています。

したがって、それぞれの部分のつながりが分かりにくいため、ある程度、教師からの働きかけが必要になります。大切なのは、それらの教材から本時の道徳的価値に関する理解を引き出すことですから、「児童自らが教材を読むことができるようにすること」に力点を置く必要はありません。むしろ、児童が理解できるように、教師の方から教えることは教えてしまう方が大切です。

展開後半では、前半の話合いを踏まえて、「自分の生活を振り返って考えてみよう」と投げかけ、自分が気を付けていることを全体で出し合いました。「節約する」「今いらないものを買わない。我慢する」「鉛筆や消しゴムなどを最後まで使う」「紙は表裏使う」「分別して捨てる」などが次々と出てきます。教師は、「例えば、どんなもの？」「どんなこと？」「どうやってやるの？」「そのほかの人で同じことをしている人はいますか？」などと、具体を明確にすること及び、意見を広げ自分に引き付けて考えられるようにする問い返しをします。行動がたくさん出された後、「どうしてそうするのか？」「そうすることでどんな気持ちになるか？」の二つで更に問い返しをし、「もったいないから」「自然などを大切にするため」など自然や資源を大切にする気持ちや道徳的価値観を引き出します。

このように、児童なりの道徳的価値の理解は、具体的な行為とセットになって形成されます。そのため、道徳科の学習なのですが、「鉛筆や消しゴムなどを最後まで使う」などのようにある程度行為の具体を引き出します。

その上で、「なぜそのように行動するのか」と問い返すことで、その裏に隠されている道徳的価値の捉えを引き出すことになります。くれぐれも、道徳的な行為だけを出すことにとどまらないように注意することが必要です。

また、当然のことですが、自然を大切にするという具体的な行為は非常にたくさんありますが、そのもとになる道徳的価値の捉えである道徳的価値観は、例えば「自然を大切にすることが必要である」などのような原則的な内容に集約されるものです。具体的な行為をたくさん出しながら、その原則的な内容を膨らませ、実感をもたせることが、現代的な課題が身近で切実な問題であることを理解させることにつながります。

終末は、実践意欲と態度を養うため、展開後半で出された様々な実践例のうち、やったことがあるものに○を付け、また、これからやってみたいことに△を付けて、自己の振り返りをします。

なお、○や△を付ける学習も、その行為や実践をすることが、道徳的価値の理解や実現につながるという認識を高めるためです。

したがって、具体的にいつまでにどのようにするのかなど、細かい内容について考える必要はありませんし、それは、道徳的価値の理解を基に、自己の生き方についての考えを深めることに直接つながるとは言えません。

7

家庭や地域社会と連携した授業づくり

▼概要

道徳科の授業を公開したり、授業の実施や地域教材の開発や活用などに家庭や地域の人々、各分野の専門家等の積極的な参加や協力を得たりするなど、家庭や地域社会との共通理解を深め、相互の連携を図ること。

社会に開かれた教育課程やカリキュラム・マネジメントが大切にされる今回の学習指導要領において、道徳科のこの表現は、これまでも強調されていましたが、大変重要な事柄です。解説をもとに必要な取組について考えます。

最も関係の深い保護者とそれ以外の方々（地域、各分野の専門家）に分けて考えます。参加及び協力の対象も授業と授業以外（教材開発や活用）に分けて考えます。

授業への保護者の参加については、参観日があることから比較的容易にできます。グループやペアでの話合いに保護者の方に入っていただいて、一緒に議論してもらうのです。道徳の問題は、簡単に結論が出ないこともあることから、大人にとっても有意義です。授業前にアンケートをとったり授業中に活用する保護者の手紙を書いてもらったりするなどは、多くの学校で行われています。どんな内容項目でも可能ですが、「家族愛、家庭生活の充実」では効果が高いと考えられます。なお、保護者の参加においては、様々な家庭の事情があるので、事前に十分な配慮が求められます。

授業への地域の方々、各分野の専門家の方々の参加の協力を得ることは、事前準備に時間などがかかっても有効な方法です。地域の方の趣味や特技、専門的技能、知識などを直接披露してもらった上で、その基本的な考え方や思いを述べてもらいます。解説にあるとおり、「青少年団体等の関係者、福祉関係者、自然活動関係者、スポーツ関係者、伝統文化の継承者、国際理解活動の関係者、企業関係者、NPO法人を運営する人」などです。一方的に話を聞くだけではなく、双方向のやりとりができたり、個別に関わる自由な時間を設定したりすることも効果があります。

教材開発や活用への協力を得ることにおいても、家庭や地域と連携することが効果的です。地域に根付く伝統と文化を具体的な活動として継承し、発展させることは、道徳科の直接の目的ではありません。しかし、C—⒄「伝統と文化の尊重、国や郷土を愛する態度」においては、重要な対象、内容です。教科書教材を大切にしつつも、必要に応じて、よりよい教材を開発することが求められます。

なお、道徳科の授業に保護者や地域、専門機関の方々が参加、協力する場合、他の教科、領域、学校の教育活動全体においても、参加、協力を得る体制づくりがあるはずです。

例えば、学校運営協議会を設置しているコミュニティ・スクールの場合は、そもそも校長の学校運営方針そのものも運営委員（地域の諸団体、ＰＴＡ、子供会などの関係者で教育委員会の任命による）の承認を得ることが必要なため、地域とともに児童を育成する気運が高まりますから、豊かな心の育成のための協議、取組も充実します。

▼授業例　ハムスターの赤ちゃん
（「わたしたちの道徳　一・二年」一年　D—⒆生命の尊さ）

①あらすじ

ハムスターの赤ちゃんが生まれました。毛は生えていないし、目も開いていませんが、おっぱいを一生懸命吸っています。話者（飼い主の小学生）は、ちゃんと大きくなるのか心配です。お母さんが赤ちゃんを新しい巣に運んでいます。まるで宝物を守るようにそっとかんで。十日経ち、体がとても大きくなって毛が生えてきました。お母さんのお腹にみんな包まって気持ちよさそうです。小さい体にどんな力がつまっているのか。もうすぐ元気に歩き回りそうです。

②ねらい

「生きている証」について考え、生きることを喜び、生命を大切にする態度を養う。

③授業の様子

導入で、学習課題「『生きていること』について考えよう」を板書します。動植物の飼育経験やハムスターについての理解を投げかけることは控えます。動植物、自然愛護に流れかねないからです。課題提示後、みんなでゆったりと教材を読み、味わいます。

展開前半では、「小さい体にどんな力がつまっているのでしょうか」と中心発問をします。場面ごとの手続き的段取り的発問はあえて行いません。児童は、「元気に動き回る力」「いろいろなところを素早く走る力」「ひまわりの種をかみつぶす力」「くんくん臭いをかぎ分ける力」などと発表します。教師は、生活科での学習を想起させることや動物を飼っている児童への意図的指名などを行います。

滑らかに展開後半や終末へつなぐため、「みんなも

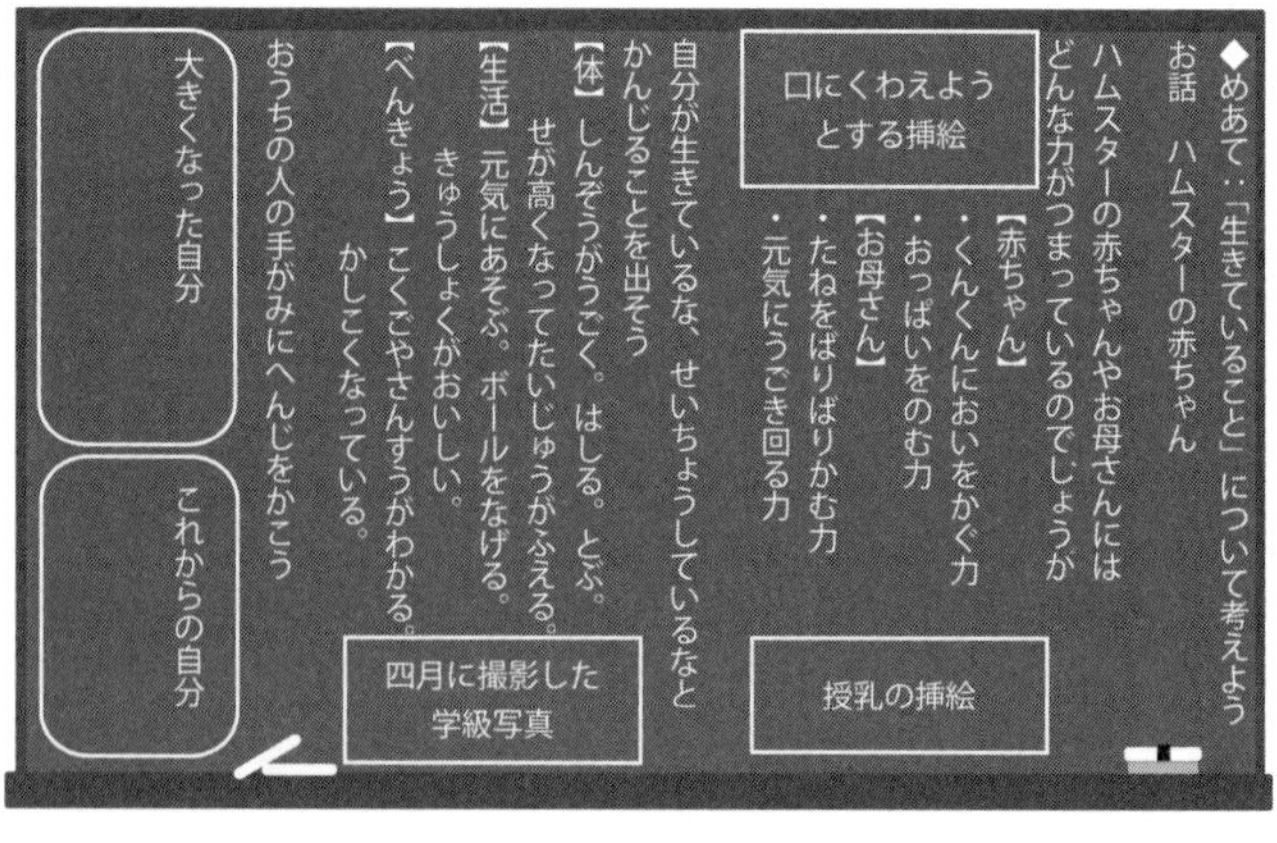
◆めあて：「生きていること」について考えよう
お話　ハムスターの赤ちゃん
ハムスターの赤ちゃんやお母さんには
どんな力がつまっているのでしょうか
【赤ちゃん】
・くんくんにおいをかぐ力
・おっぱいをのむ力
【お母さん】
・たねをばりばりかむ力
・元気にうごき回る力
口にくわえようとする挿絵
授乳の挿絵
自分が生きているな、せいちょうしているなとかんじることを出そう
【体】しんぞうがうごく。はしる。とぶ。
せが高くなってたいじゅうがふえる。
【生活】元気にあそぶ。ボールをなげる。
きゅうしょくがおいしい。
【べんきょう】こくごやさんすうがわかる。
かしこくなっている。
四月に撮影した学級写真
おうちの人の手がみにへんじをかこう
大きくなった自分
これからの自分

赤ちゃんだったけれど、今はどうかな」や「お母さんに大切にされて大きくなったね」などと返しておくと効果的です。

展開後半へより強くつなぎたいなら、①「生まれたばかりで目も開いていない」→②「体が大きくなって、ときどきあくびもする」→③「お母さんのお腹に包まってとっても気持ちよさそう」などを動作化し、生まれてからの自分の成長をお話のハムスターに重ねるような意味合いで「擬似的追体験」をさせるとよいでしょう。

展開後半は、「ハムスターの赤ちゃんのように、自分が生きているなあ、成長しているなあと感じることをたくさん出し合いましょう」と発問します。こちらが中心発問でもいいです。児童は、「心臓が動いている。手足が動く」「背が大きくなって体重も重くなった」「毎日眠って、元気に目が覚める」「給食をいっぱい食べている。おいしい」「休み時間や放課後に楽しく遊んでいる」「漢字や計算ができるようになった」などと発表します。「たくさん」というのが大切で、論理や善悪ではなく、多くの事実から生きている自分を見つめさせます。そのため、拡散的で互いに否定しない自由な雰囲気が重要です。シェアを促進するため、二人組や四人組を使います。全体では、出た意見をまとめてしまうのではなく、「体」「生活」「勉強」など見出しを付け類別しながらも、それぞれ別々に取り上げます。教師は、要所要所で「生きているっていいねえ、幸せだね」「生命を大切にしなくちゃね」などと返しながら、温かく前向きなムードを創り出していきます。

このことからも、この授業は、ねらいの文末にある「生命を大切にする態度を養う」上で、その前の「生きることを喜び」に重点を置いていることが分かります。健康な体がもとになって、勉強を含め、生活全体が充実し、日々楽しく暮らしていることに改めて感謝し、今後とも、一層生命を大切にしようという心情や態度が深まると言えます。

終末では、保護者の手紙を読み、返事を書きます。定番ですが、三年に一度程度は、保護者の手紙を用いた授業を仕組むことが有効です。「大切に育んできた親の思いと、これからの願い」を伝えてもらうためです。教師がすることは、十分な時間を確保すること、返事の書き方の例示と、それがよく分からない児童への個別の指導です。

なお、「ブラッドレーのせい求書」の実践事例のところでも述べたとおり、多様な家族構成や家庭状況があることを十分踏まえた上で、必要な配慮を適切に行うことが欠かせません。そのため、例えば、保護者からの手紙が全員分そろわないなどの場合は、終末の活動を変更することが必要です。

第5章

評価の趣旨を踏まえた諸計画と授業づくり

CHAPTER
5

1

道徳教育の指導体制と全体計画

▼カリキュラム・マネジメントの充実

道徳科の授業づくりにおいては、学校全体の教育課程の編成、及びその実施、改善の在り方について踏まえておくことが重要です。概観します。

学習指導要領では、カリキュラム・マネジメントについてこのように述べられています。

> 教育課程に基づき組織的かつ計画的に各学校の教育活動の質の向上を図っていくこと（以下「カリキュラム・マネジメント」という。）に努めるものとする。

三つの側面を通して行うこととされています。

・児童や学校、地域の実態を適切に把握し、教育の目的や目標の実現に必要な教育の内容等を教科等横断的な視点で組み立てていくこと
・教育課程の実施状況を評価してその改善を図っていくこと
・教育課程の実施に必要な人的又は物的な体制を確保するとともにその改善を図っていくこと

教育課程の編成や改善の手順の一例は、㈠教育課程の編成に対する学校の基本方針を明確にする、㈡教育課程の編成・実施のための組織と日程を決める、㈢教育課程の編成のための事前の研究や調査をする、㈣学校の教育目標など教育課程の編成の基本となる事項を定める、㈤教育課程を編成する、㈥教育課程を評価し改善する、となっています。これらの一連の手順を踏まえて、学校のカリキュラム・マネジメントを実施していくことが求められています。

特に㈤の教育課程を編成する過程では、指導内容の基礎的・基本的なものを明確にし、適切かつ効果的な内容を選択し、各教科、道徳科、外国語活動、総合的な学習の時間及び特別活動について、各教科等間の指導内容相互の関連を図りながら組織し、一年間、学期、月、週ごとの各教科の授業時数を配当することになります。

▼道徳教育の指導体制と全体計画

①道徳教育の指導体制

カリキュラム・マネジメントについてで述べた三つの側面や教育課程の編成、改善の手順は、そのまま道徳教育の指導体制や全体計画づくりに当てはめることができます。

道徳教育の指導体制について、学習指導要領では、次のように述べています。

> 各学校においては、第1の2の(2)に示す道徳教育の目標を踏まえ、道徳教育の全体計画を作成し、校長の方針の下に、道徳教育の推進を主に担当する教師（以下「道徳教育推進教師」という。）を中心に、全教師が協力して道徳教育を展開すること。

解説にあるとおり、指導体制づくりにおいては、校長の方針の明確化と道徳教育推進教師を中心とした全教師による協力体制の整備が重要です。

校長は、教育課程の管理者ですから、学校の道徳教育の基本的な方針を全教師に明確に示すことが求められます。関係法規や社会的な要請なども踏まえて、学校や地域社会の実情など様々な事柄について、学校の教育目標との関わりで道徳教育の基本的な方針を示します。このことで、全教師が道徳教育の重要性についての認識を深めることができるだけではなく、道徳教育に係る諸計画の作成や実施、改善、充実を図ることができます。

道徳教育推進教師の役割は、次のようなものが例示されています。

- 道徳教育の指導計画の作成に関すること
- 全教育活動における道徳教育の推進、充実に関すること
- 道徳科の充実と指導体制に関すること
- 道徳用教材の整備・充実・活用に関すること
- 道徳教育の情報提供や情報交換に関すること
- 道徳科の授業公開など家庭や地域社会との連携に関すること
- 道徳教育の研修の充実に関すること
- 道徳教育における評価に関すること

道徳教育推進教師は、必要に応じて人数等に工夫を加えたり、近隣の学校の道徳教育推進教師との連携等を積極的に進めたりすることが重要だとされています。

その上で、協力体制づくりをすることとなります。一般的には、道徳教育推進教師が中心となり、各学年から一名ずつの道徳教育部員で構成される道徳教育部が、先ほどの枠内の内容に取り組みます。学校の実情に応じて、全教師が関わるような体制の場合もあるでしょう。

また、実施時数管理などについては、他教科、領域と合わせて、教務主任などと連携して行いますし、道徳教育の研修や道徳科の授業研究においては、各学校の研修主任と一緒に取り組む場合もあります。同様に、授業公開や家庭や地域社会との連携に関することは、保護者、地域社会との窓口であることの多い教頭と連携していきます。当然、各教科、領域等で行う道徳教育では、各教科教育担当主任との連携が欠かせません。特別活動、その中でも学校行事の場合には、特別活動担当主任や教務主任などと一緒に道徳教育を推進することになります。

また、道徳科の評価についての研究は、道徳科で用いる教科書研究などと同様に、このたびの道徳科の重要なポイントとなるため、特に全校体制で行う必要があるでしょう。

②道徳教育の全体計画

道徳教育の全体計画については、教育活動全体を通じて行う道徳教育はもとより、道徳科の年間指導計画の作成や実施、改善などの基本的な考え方となるため、その充実が求められます。また、家庭や地域社会との連携を深め、保護者や地域の人々の積極的な参加や協力を可能にする上でも重要です。

全体計画の内容は、「基本的把握事項」と「具体的計画事項」に分かれます。前者には、関係法規の規定や教育行政の重点施策、学校や地域社会の実態と課題、教職員や保護者の願い、そして、児童の実態と課題などがあります。後者には、次の様な点があります。例えば、学校の教育目標、道徳教育の重点目標、各学年の重点目標などの目標関係、道徳科の指導の方針に関すること、また、それを受けての道徳科の年間指導計画を作成する際の観点や重点目標に関わる内容、及び指導の工夫、校長や教頭等の参加、他の教師との協力的な指導などに関すること、そして、各教科、外国語活動、総合的な学習の時間及び特別活動などにおける道徳教育の指導の方針、内容及び時期などです。

また、解説にあるとおり、学校や地域社会の特色を生かした取組や集団宿泊活動、ボランティア活動、自然体験活動などの体験活動や実践活動における道徳性を養うための方針、その内容及び時期等を整理して示すこともあります。前述の特別活動、学校行事の具体とも言えるものです。また、学級、学校の人間関係、環境の整備や生活全般における指導の方針を示すこともあります。その学校が大切にしている人間関係づくりプログラムの内容や方針、朝の会などで行う特色ある活動内容などが該当します。家庭や地域社会、他の学校や関係機関との連携の方法については、道徳科の授業公開や学校通信などによる広報活動、ホームページなどでの諸活動の紹介などで発信すること、また、保護者や地域の人々の参加や協力の内容、時期、具体的な活動等を記述することもふさわしいでしょう。

カリキュラム・マネジメントとの関連から言えば、次年度の計画に生かすための評価の記入欄を設けたり、気付いたときに朱書き修正を加えるなどの合意事項や実際に評価、朱書きを入れる時期を明記したりすることも必要な配慮です。

③全体計画の別葉

活用が容易な全体計画にするためには、必要な事項を一覧できるようにすることが必要です。したがって、各教科等における道徳教育に関わる指導の内容及び時期を整理したもの、道徳教育に関わる体験活動や実践活動の時期等が一覧できるものなどを「別葉」にして加えることが求められています。

別葉は、一般的に、縦の欄が「内容項目別」、横の欄が「教科別」になっているものが便利だと考えます。当該内容項目に関わる指導が、どの教科のどの時期に実施されるのかが一目で分かるからです。同時に、学校の教育活動全体において、どの内容項目の指導が多いのか、逆に少ないのかも一目で分かります。少ない内容項目が分かれば、該当の教科で道徳教育に力を入れることができます。

何よりも効果があるのは、道徳科の指導において、関連の各教科等の教材や単元が分かるので、導入や終末、また展開での具体的な活動で、関連的な指導を工夫することができることです。「社会科で△△の学習をしたときの、○○さんという人物の意見文を覚えていますか？　製品開発するために粘り強く研究を進めたことを学びましたね。今日は、その粘り強く努力するということについて道徳科で学習を深めます」などのようにです。逆に、内容項目によっては、当該学年の他教科の学習に関連的な内容や活動が少ない場合もあります。その場合は、その道徳科の学習に一層重点を置くとともに、学校生活、日常生活での学びとの関連などを考慮することが必要となります。したがって、別葉ができていると、道徳科の年間指導計画の主たる活動などをつくる上で大変参考になります。

視点	一年生 内容項目	教科等 道徳科 教材名 （月）	国語科 教材名 （月）	社会科 単元名 （月）
A	善悪の判断、自律、自由と責任	○○○○ （○月） ○○○○ （○月） ○○○○ （○月）	□□□□ （□月）	△△△ （△月）
	正直、誠実	○○○○ （○月）	~~□□□□~~ ~~（□月）~~	
	節度、節制	○○○○ （○月） ○○○○ （○月）		
	個性の伸長	○○○○ （○月）		
	希望と勇気、努力と強い意志	○○○○ （○月） ○○○○ （○月）	□□□□ （□月） □□□□ （□月）	△△△ （△月）
	真理の探究	○○○○ （○月）		
B	親切、思いやり	○○○○ （○月）		

親切、思いやりに関連して指導する方が効果的である

□□□□（□月）
正直、誠実から移動

※その都度、学年で協議して朱書きで加除修正してください

別葉の空欄は、該当の内容項目を扱う当該教科の学習がないことを示しています。これは、毎年、次年度の計画を作成する一月頃の認識です。しかし、実際に当該年度になって指導を始めたら、その内容項目に関する道徳教育ができる教科、単元があることが分かることもあります。そのときには、各学年の別葉に、その都度、朱書きで追加をすることが必要です。また、実際に指導してみると、当初の計画のように、その内容項目に関わる道徳教育が難しく感じる場合もあります。それも気付きを残します。追加にしても削除にしても、当面の考えを書いておき、年度末に再度、道徳教育推進教師が中心となり学校の道徳教育部のメンバーで検討して、新年度の別葉を作成することになります。したがって、全体計画、別葉、年間指導計画など、学校の諸計画は、常に見直しを行いながら実施することになりますから、その具体的な作業を行いやすいように、計画を手元に置いておいたり、掲示板に掲示しておいたりすることが、効果的であり実質的です。そのための校内環境整備など、全校で体制づくりを進めることが肝要です。

毎年の調整、修正が、学校全体の道徳教育の実効性を高め、ひいては、児童の道徳性を高めることになります。同時に、各教師の教師力を高めることにつながり、実際の道徳科の指導においても、工夫改善を図ることができます。

2 道徳科の年間指導計画

▼意義と内容

①意義

評価は、全体計画においても、年間指導計画においても、そして、授業においても重要です。計画をつくっても、年度末まで読み返すことがないというのでは残念です。年間指導計画作成に当たっては、あらかじめ評価改善の視点が入るようにし、よりよい指導のために繰り返し計画を改善していくことが第一の作成の意義と言えます。

具体的には、道徳科において指導しようとする内容について、学校や地域、とりわけ児童の実態を考え、質の高い多様な指導方法を考慮して、当該学年の段階に応じた主題を構成します。この主題を年間にわたって適切かつ効果的に位置付け、配列し、学習指導過程等を示すなどして、年間の授業を円滑に行うことができるようにしたものが道徳科の年間指導計画です。

ここで言う道徳科の「主題」とは、「指導を行うに当たって、何をねらいとし、どのように教材を活用するかを構想する指導のまとまりを示すもの」とされています。一般に「ねらい」とそれを達成するために活用する「教材」によって構成されます。「七月第一週主題：親切にする気もちよさ（はしの上のおおかみ）」というような要領です。

年間指導計画の意義は、そのほかに、解説にもあるとおり、六学年間を見通した計画的、発展的な指導を可能にすること、個々の学級において道徳科の学習指導案を立案するよりどころとなること、学級相互、学年相互の教師間の研修などの手掛かりとなることです。年間指導計画は、ねらいだけではなく、主たる発問や学習活動などまで入れて作成していることから、それだけで大まかな学習指導案になります。したがって一層具体的な学習指導案にする際の骨格にできるというよさがあります。

②内容

年間指導計画の内容をもう少し具体的に見てみます。解説では、次の内容を明記しておくことが必要であるとしています。

ア　各学年の基本方針
イ　各学年の年間にわたる指導の概要
　指導の時期　主題名　ねらい　教材　主題構成の理由　学習指導過程と指導方法　他の教育活動等における道徳教育との関連　その他

指導の時期、主題名、ねらい、教材を一覧にしたものを配列表などと呼ぶこともあります。指導状況や進度を確認する上では簡便で使いやすいのですが、配列表だけで実際の指導を行おうとすると、学習指導過程や指導方法の情報が不足しているため、方法面の計画が必要となります。

▼具体的な作成手順（例）

解説では、年間指導計画作成上の創意工夫と留意点として、次の内容について留意することとしています。実際に作成する際の基本的な考え方として捉える事柄です。

(1)主題の設定と配列を工夫する
(2)計画的、発展的な指導ができるように工夫する
(3)重点的指導ができるように工夫する
(4)各教科等、体験活動等との関連的指導を工夫する
(5)複数時間の関連を図った指導を取り入れる
(6)特に必要な場合には他学年段階の内容を加える
(7)計画の弾力的な取扱いについて配慮する

弾力的な取扱いについては、時期や時数の変更、ねらいの変更、教材の変更 学習指導過程や指導方法の変更などがあります。

なお、全体計画及びその別葉と同じように、年間指導計画の評価と改善を計画的に行えるように、評価を記入する方法や評価欄を明確にしたり、評価の時期や改善の方法などもあらかじめ記載しておいたりすることが必要です。朱書き修正が基本となりますが、年間

指導計画作成全体に関わる事柄についても気付きを蓄積しておくことが求められます。

教科書教材を用いて実際にどのように年間指導計画を立案するのか考えてみましょう。

①各内容項目ごとの時間数

年間の標準実施時数は、一年生三十四時間、それ以外は三十五時間です。それ以上行うことはかまわないため、まずは一年間に何時間ほど道徳科が実施可能か明確にします。

その上で、各内容項目ごとの指導時数を割り当てます。低学年の場合、内容項目数は十九ですから、各内容項目を年間一時間ずつ行うとして、残りの十六時間分は、任意の内容項目を再度指導することができます。

そのため、学校の道徳教育の重点目標や各学年（二学年ごとに設定されている場合が多い）の重点目標を踏まえて、複数時間指導する内容項目を決めます。そして、各内容項目ごとの時間数を決定することになります。

また、全体計画を作成するとき、及び道徳科の年間指導計画を作成するときに考慮しなければならない「学習指導要領に示されている指導内容の重点化」を踏まえることも重要です。第3章でも述べましたが、次のようなものです。それぞれ関係の深い内容項目が浮かび上がりますから、場合によっては、各学年の重点目標がこれらによって左右されることもありますし、内容項目ごとの年間指導時数も増減することがあります。

各学校においては、児童の発達の段階や特性等を踏まえ、指導内容の重点化を図ること。その際、各学年を通じて、自立心や自律性、生命を尊重する心や他者を思いやる心を育てることに留意すること。また、各学年段階においては、次の事項に留意すること。

(1) 第1学年及び第2学年においては、挨拶などの基本的な生活習慣を身に付けること、善悪を判断し、してはならないことをしないこと、社会生活上のきまりを守ること。

(2) 第3学年及び第4学年においては、善悪を判断し、正しいと判断したことを行うこと、身近な人々と協力し助け合うこと、集団や社会のきまりを守ること。

(3) 第5学年及び第6学年においては、相手の考え方や立場を理解して支え合うこと、法やきまりの意義を理解して進んで守ること、集団生活の充実に努めること、伝統と文化を尊重し、それらを育んできた我が国と郷土を愛するとともに、他国を尊重すること。

②教科書教材の検討

実際に年間指導計画を作成する際は、採択された教科書の教材の配列、主題を参考にすることがほとんどだと考えられます。また、教科書会社の関係参考資料などには、ねらいや大まかな学習指導過程及び指導方法、特に発問などが例として掲載されています。それらを考慮することが効率的、かつ効果的です。

そのため、①の「各内容項目ごとの時間数」と「教科書の内容項目ごとの時間数」が一致しているかどうかを確認することが第一の作業となります。教科書会社は、それぞれ自社の編集方針として、どの内容項目を複数時間、複数教材（二・三・四時間等）にするかを打ち出して編集しています。

例えば、学校が「D　生命の尊さ」を重点目標にしていて、低学年で四時間行うと計画した場合、教科書に四つの教材が掲載されているかどうかを確認することになります。仮に、教科書に三教材しか掲載されていないとするなら、そのほかの内容項目の教科書教材の中から一つを削り、生命の尊さを扱えるほかの教材を入れなくてはならなくなります。削る教材が決められないとか、教科書教材ではないほかの教材を探せないとなれば、当初①で決定していた、生命の尊さを扱う時間数を四時間から三時間に減らすことも検討しなければなりません。三時間でも十分重点目標としての効果はあるからです。また、削る教材は決められるけれども、新たに入れる教材が見付からない場合は、例外的な扱いとはなりますが、教科書に掲載されている三教材を四時間で行うという方法も検討することができます。

③教材の入れ替え

例えば、高学年B―⑽の「友情、信頼」の指導のためにあらかじめ教科書に掲載されている教材を、ほかの教材と入れ替えたいと考えた場合の配慮事項を考えてみましょう。

内容項目が同じであることが第一ですが、それだけでは十分とは言えません。新たに入れる教材に設定できる「内容項目の内容（道徳的価値や事柄）」がもとの教材と同じである必要があります。

高学年B―⑽は「友達と互いに信頼し、学び合って友情を深め、異性についても理解しながら、人間関係を築いていくこと」となっています。そのため、教科書教材は、一つの教材でこの内容項目の内容全てについて満足できるように作成している場合もありますが、二つの教材でこの内容項目の内容を分けて指導するようにしている場合もあります。例えば、「異性についても理解しながら」の部分は、一つの教材ではかなえられないとし、もう一つの教材の方で取り扱うことにしている場合が考えられます。教科書にあるもとの教材が「異性についての理解」を学習する教材であれば、それと同様のねらいを設定できる教材を新たに入れなければならないわけです。

これは、高学年の「友情、信頼」だけに見られるものではありません。多価値型の内容項目になればなるほど、複数教材で内容項目の内容を分担しているものが少なくないからです。特に、A—(3)「節度、節制」は、内容項目の内容が多いので注意が必要です。

例えば、低学年では「健康や安全に気を付け、物や金銭を大切にし、身の回りを整え、わがままをしないで、規則正しい生活をすること」となっています。これだけの内容を一つの教材で指導できるような教材にするのは難しそうです。そこで、複数の教材を掲載し、教材によって「健康と安全、規則正しい生活」と「物や金銭を大切にすること、身の回りを整えること」を分担指導することが考えられます。

となれば、教材の入れ替えには、慎重かつ適切な対応が求められますから、十分な協議をした上で、校長の承認を得て、年間指導計画を立案することが必要です。

教科書が導入されてから一、二年は、教科書教材を第一に考えて年間指導計画を作成し、適切に活用しながら、教材解釈や授業化の力量を高め、よりよい教材との入れ替えなどを検討していくことが、現実的な対応と考えることもできます。

④教材（主題）の配列

年間の教材が決まったなら、学期、月ごとに配列する作業になります。年間三時間の「生命の尊さ」の教材を、学期に一つずつ行うのか、一学期に一つ、二学期に二つ行うのがよいのかなどを決めていきます。教科書の配列どおりでよいか、それとも変更するかということです。教科書によっては、重点的に指導する内容項目を一度に連続して指導するような配列にしている場合があるかもしれません。学校によっては、その逆に、教科書では毎学期一つずつ配列している同じ内容項目の教材を一度にまとめて、つまり単元化して指導するように計画する場合もあるかもしれません。指導の意図を明確にした上で、実施後の成果と課題を年度末に評価し、次年度の計画を作成することが求められます。

3

道徳科授業の評価

▼意義と内容

概要は、第1章に書いています。大切な点を再度記します。

学校の教育活動全体を通じて行う道徳教育における評価は、解説にあるとおり、「教師が児童一人一人の人間的な成長を見守り、児童自身の自己のよりよい生き方を求めていく努力を評価し、それを勇気付ける働きをもつようにすることが求められ」「教師と児童の温かな人格的な触れ合いに基づいて、共感的に理解されるべきもの」です。

一般に、学習における評価は、解説にあるとおり、「児童にとっては、自らの成長を実感し意欲の向上につなげていくものであり、教師にとっては、指導の目標や計画、指導方法の改善・充実に取り組むための資料となるもの」です。

したがって、道徳科の評価についても、この考えに基づいて行われる必要があります。道徳科の評価は、学習指導要領では、次のように述べられています。

> **児童の学習状況や道徳性に係る成長の様子を継続的に把握し、指導に生かすよう努める必要がある。ただし、数値などによる評価は行わないものとする。**

この点を踏まえて、教師は、道徳科において、それぞれの授業における指導のねらいとの関わりにおいて、児童の学習状況や道徳性に係る成長の様子を様々な方法で捉えて、個々の児童の成長を促すとともに、それによって自らの指導を評価し、改善に努めることが大切だとしています。

しかし、道徳科で養う道徳性は、児童が将来いかに人間としてよりよく生きるか、いかに諸問題に適切に対応するかといった個人の問題に関わるものです。また、児童の人格全体に関わるものですから、数値などによって不用意に評価してはなりません。そもそも道徳性というものが、客観的に数値などによって評価できるかどうかは難しいところです。

そのため、評価については、解説を踏まえ、第1章において、次のようにまとめました。

【道徳科の評価】

・どれだけ道徳的価値を理解したかなどの基準を設定することはふさわしくない
・道徳性の諸様相（道徳的判断力、心情、実践意欲と態度）のそれぞれを分節して、学習状況を分析的に捉える観点別評価は妥当ではない
・児童が学習の見通しを立てたり学習したことを振り返ったりする活動を適切に設定する中で、学習活動全体を通して見取る
・内容項目ごとではなく、大くくりなまとまりを踏まえた評価
・年間や学期といった一定の時間的なまとまりの中で把握
・成長を積極的に受け止め、認め、励ます評価
・記述により表現
・個人内評価
・道徳科の評価は調査書には記載しない。入学者選抜の合否判定に活用しない

これらを基本的な考え方として、特に重要な点を次のようにしています。

【特に重要な点】
・学習活動において児童が道徳的価値やそれらに関わる諸事象について他者の考え方や議論に触れ、自律的に思考する中で、一面的な見方から多面的・多角的な見方へと発展しているかを評価
・道徳的価値の理解を自分自身との関わりの中で深めているかを評価

重要なのは、結果ではなく学びの過程である学習状況です。しかも、一学期間とか、一年間とかの「一定の時間のまとまりの中で」見取ります。

なお、「一面的な見方から多面的・多角的な見方へと発展しているか」や「自分自身との関わりの中で深めているか」という事柄は、道徳科でなくても必要な学びの姿ではないのかという疑問をもつ人もいるでしょう。注目すべきは、それぞれの学習状況は、「道徳的価値について自律的に思考する中で」あるいは、「道徳的価値の理解において」見られる学習状況だという点です。単に、「多面的・多角的に」「自分自身との関わりで」活動していればよいのではありません。だから、道徳性に係る成長の様子なのです。

児童が「一面的な見方から多面的・多角的な見方へと発展している」学習状況について、解説には、次のように例示されています。これらを授業中の発言や感想文、質問紙の記述などから見取るように努めます。

・道徳的価値に関わる問題に対する判断の根拠やそのときの心情を様々な視点から捉え考えようとしている
・自分と違う立場や感じ方、考え方を理解しようとしている
・複数の道徳的価値の対立が生じる場面において取り得る行動を多面的・多角的に考えようとしている

同様に「道徳的価値の理解を自分自身との関わりの中で深めている」学習状況についても、次のように例示されています。非常に参考になります。

・読み物教材の登場人物を自分に置き換えて考え、自分なりに具体的にイメージして理解しようとしている

・現在の自分自身を振り返り、自らの行動や考えを見直している
・道徳的な問題に対して自己の取り得る行動を他者と議論する中で、道徳的価値の理解を更に深めている
・道徳的価値の実現することの難しさを自分のこととして捉え、考えようとしている

発言が多くない児童や文章で記述することが苦手な児童が、教師やほかの児童の発言に聞き入ったり、考えを深めようとしたりしている姿に着目することなども重要だと指摘しています。

それらを踏まえた上で、一単位時間の授業だけでなく、学期や年間など一定の期間を経て、多面的・多角的な見方へと発展していたり、自分自身との関わりで道徳的価値の理解を深めたりする姿に着目することが必要です。そのため、学習で用いたノートやプリントなどを計画的にファイルに蓄積するなどの工夫が求められます。

なお、授業で行う児童の自己評価（学習内容や学習方法など）や相互評価などは、教師の評価活動ではありませんが、児童や教師の学習の在り方を改善する上で役立つものと言えます。

▼評価の趣旨を踏まえた道徳科授業づくり　お月さまとコロ
（「わたしたちの道徳　一・二年」一年　A―(2)正直、誠実）

では、学習指導要領における評価の趣旨を踏まえ、道徳科授業をどのように仕組めばよいでしょうか。

評価のために授業があるわけではありませんので、ここで紹介する授業については、教師による評価や児童の自己評価の姿が見えやすいように工夫したものを、評価の視点から述べることとします。

①あらすじ

コオロギのコロは、自分の思いどおりにならないとすぐに怒ったり文句を言ったりするので、友達がギロ一人になりました。そのギロの優しい誘いにも素直になれず、繰り返し断ったことから、とうとうギロからも「遊ばない」と言われてしまいます。コロは、謝らなければと思いながら謝れず、お月様から、自分の沈んだ顔を見て涙を拭き、元気を出して歌い、素直で明るい気持ちでいるんだと促されたことで、ギロに謝ろうと心に決めることができました。

②ねらい

明るく素直な心のよさについて考え、うそをついたりごまかしをしたりしないで素直に伸び伸びと生活しようとする心情を養う。

③評価　学習状況や道徳性に係る成長の様子

【多面的・多角的な見方】

主として、中心発問の「素直になるとどんないいことがあるでしょうか」での記述や話合いの中で、自分の意見と友達の意見を比べたり自分の経験を思い出したりしながら「正直、誠実」な生き方について考えているかを、道徳ノートや話合いの様子から見取ります。

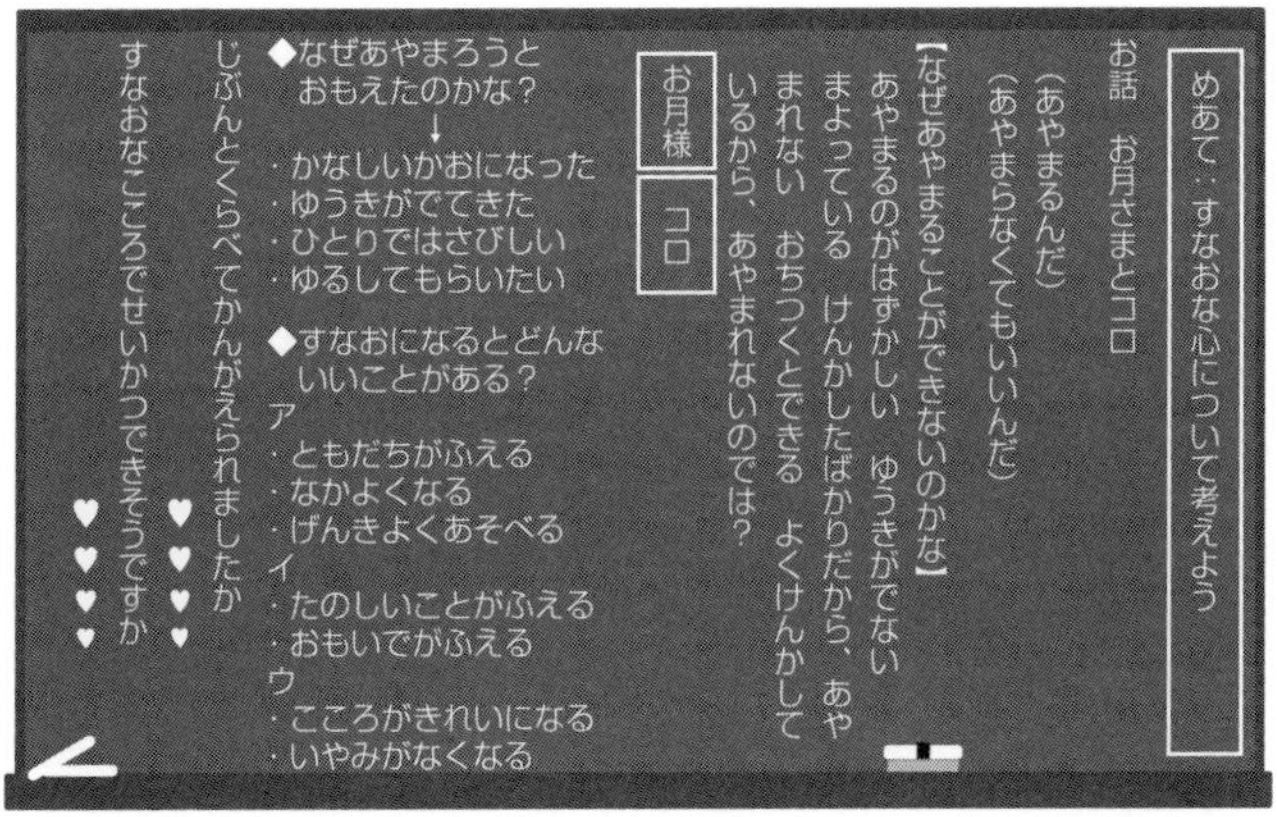
めあて：すなおな心について考えよう
お話　お月さまとコロ
（あやまるんだ）
（あやまらなくてもいいんだ）
【なぜあやまることができないのかな】
あやまるのがはずかしい　ゆうきがでない
まよっている　けんかしたばかりだから、あやまれない　おちつくとできる　よくけんかしているから、あやまれないのでは？
お月様
コロ
◆なぜあやまろうと おもえたのかな？
・かなしいかおになった
・ゆうきがでてきた
・ひとりではさびしい
・ゆるしてもらいたい
◆すなおになるとどんな いいことがある？
ア
・ともだちがふえる
・なかよくなる
・げんきよくあそべる
イ
・たのしいことがふえる
・おもいでがふえる
ウ
・こころがきれいになる
・いやみがなくなる
じぶんとくらべてかんがえられましたか
すなおなこころでせいかつできそうですか

【自分自身との関わり】

導入で示した「自分と比べたり、自分の生活を思い出したりして考える」という視点から、自分が素直になれない場面やコロが謝れない理由、謝れた理由などを考えているかについて、道徳ノートの記述や話合いの様子から見取ります。

④授業の様子

【導入】

初めに「素直になれないことってありますか」と尋ね、自分の生活を振り返る機会をもちます。「お母さんに怒られると素直になれない。謝れない」「友達や兄弟とけんかをすると、素直になれない」などが出ました。一般的な導入ですが、「素直」という道徳的価値（「正直、誠実」の低学年的な表現が「素直」です）について「自分自身との関わり」で捉える一つ目の機会です。自分のマイナスの部分を思い出したり、認めたりすることは誰でも抵抗がありますが、それをあえて行うことで、道徳的価値への関心を高めます。そして、「今日のめあては『素直な心について考えよう』です」と学習課題を板書します。そして、「今日は、素直な心について自分の生活や考えと比べながら考えます。考えたかどうか、最後に四つのハートから一つ選んで○を付けますよ」と左下に板書し、学び方のめあても同時に伝えます。これが、児童の学習状況の自己評価となります。

【展開前半】

教材を読み聞かせた後、「謝るんだ」「謝らなくてもいいんだ」の場面に焦点化します。そして、「謝った方がいいですか、謝らなくてもいいですか」と問い、児童全員に「謝らないといけない」と判断させておいて、「では、コロはなぜ謝ることができないのでしょうか」と発問します。児童はコロの気持ちに自我関与しながら考えます。「恥ずかしい」「勇気が出ない」「けんかしたばかりだから」「いつもけんかしているから」など、教材文に書かれていないことを「自分の経験や普段の考えをもとにして」発表します。この学習状況が「自分自身との関わり」で捉える二つ目の機会です。しっかり考えられたことを認め、このように登場人物になったつもりで考えることが「自分の生活や考えと比べながら考えていることです」とハートを示しながら再度確認します。

引き続き、児童のつぶやきに乗って「なぜ謝ろうと思えたのか」についても自我関与させて考えさせます。「悲しい顔になっていたから」「勇気が出たから」「一人では寂しいから」「許してもらいたいから」などが発表されました。一つ目の「悲しい顔」については教材の記述に即した発言ですが、それ以外は、児童なりの「素直になること」についての考えや価値理解だと言えます。

【展開後半】

前半を踏まえて、教材から離れます。中心発問である「素直になるとどんないいことがあるでしょうか」を聞きます。この部分が、「道徳的価値について考える際に、多面的・多角的な見方に発展しているかどうか」を見ることができる学習場面です。板書のア「友達が増える」「仲よくなる」「元気よく遊べる」など人間関係から見た意見が出てくる中で、板書のイ「楽しいことが増える」「思い出が増える」など友達や人間関係についてだけではない考えが出ます。私は、二、三個の意見が出た後は、「その意見はどこに書きますか」「誰の考えと似ていますか」とそれまでの意見と比べながら発言したり、聞いたりするように強く促します。一年生でもできます。これが、一年生なりの「多面的・多角的な見方」につながる話し合い方です。

アは、視点A「主として自分自身に関すること」というよりは、B「主として人との関わりに関すること」からの発言です。教材の内容がそうだからもっともなことです。イは、少しAに近付いています。

その後、板書のウ「心がきれいになる」「いやみがなくなる」という発言が出ました。これが、最もAの視点から見た「正直、誠実のよさの理解」だと考えられます。一年生ですから、ア・イ・ウの違いを十分に理解できません。そこで、教師がア・イ・ウの三つに分けて板書したり、説明を加えたり、まとめたりして道徳的価値の理解を促すことが大切です。しかし、この道徳的価値に関する理解ができたかどうかは評価の対象にはならないので注意が必要です。大切なのは、道徳的価値の理解をする際に、友達の意見と比べながら書いたり、話したり、聞いたりしている学習の姿を見取ることです。

【終末】

「自分の生活や考えと比べながら考えられましたか」をハートの大きさを選択して振り返らせます。初めに投げかけていたので、比較的容易にできます。これが、児童が「自分自身との関わり」で捉える三つ目の機会です。この自己評価活動の結果も、教師による児童の評価の参考にはできるでしょうが、一つ目、二つ目に比べると弱いものです。

更に「これからは、これまでよりも、素直な心で生活できそうですか」と発問し、同じように大きさの違う四つのハートから選択させて児童の今の気持ちを表す機会を設けます。決意表明を強いる活動ではありませんから、選ばなければそれでいいし、無理に大きなハートを選ぶ必要もありません。自分の心に問いかける活動ですから、この活動もあくまでも児童自身による自己評価活動であって、教師の児童に対する評価の対象にはなりません。

⑤評価

二つの視点をもとに、全ての児童の学習状況を見取ることはできません。この授業では、機会や時間を多く確保した「自分自身との関わり」の視点を重視して評価し、しっかり考えた児童四、五人に着目し、教師の記録に残します。「しっかり考えた」というのは、ほかの児童との比較ではなくその児童の以前の様子との比較なのが原則です。また、積極的、前向きに、励ましの気持ちを込めて、その児童のよさを記録することがよいと考えます。

▼評価の趣旨を踏まえた道徳科授業づくり　心と心のあく手（「わたしたちの道徳　三・四年」　四年　B―(7)親切、思いやり）

①あらすじ

急いでいた「ぼく」は、荷物を持つ見知らぬおばあさんに出会います。迷った末「荷物、持ちます」と声をかけるも笑顔で断られました。家で母からほめられ、おばあさんが歩く練習をしていることを教えられます。数日後の暑い日に再び出会い、一生懸命坂を上る様子を見て迷い、「ぼく」はそっと後ろをついていきました。玄関口でおばあさんの娘さんが「だいぶ歩けるようになったねえ」と喜びます。

「ぼく」は、おばあさんと「心と心のあく手」をしたように感じ、本当の親切とは何かが少し分かった気がしました。

②ねらい

場面による親切の違いについて考え、相手のことを思いやり、進んで親切にしようとする判断力を高める。

③評価　学習状況や道徳性に係る成長の様子

【多面的・多角的な見方】

主として、中心発問の「本当の親切とはどんなことでしょうか」での記述や話合いの中で、導入で示した学び方を踏まえ、親切について、自分の意見と友達の意見を比べたり、場面や立場を変えて考えたりしているかを、道徳ノートや話合いの様子から見取ります。

【自分自身との関わり】

主として、中心発問の「本当の親切とはどんなことでしょうか」での意見を踏まえ、自分がしていること（○）や、これからできそうなこと（◎）などを選んで印を付ける活動の中で、自分自身との関わりで親切を考えようとしているかをノートや発言から見取ります。

④授業の様子

【導入】

初めに、学習課題「親切について考えよう」を示し、「この教材で考えるんですよ」と教材名「心と心のあく手」を紹介します。そして、「二つの行動、場

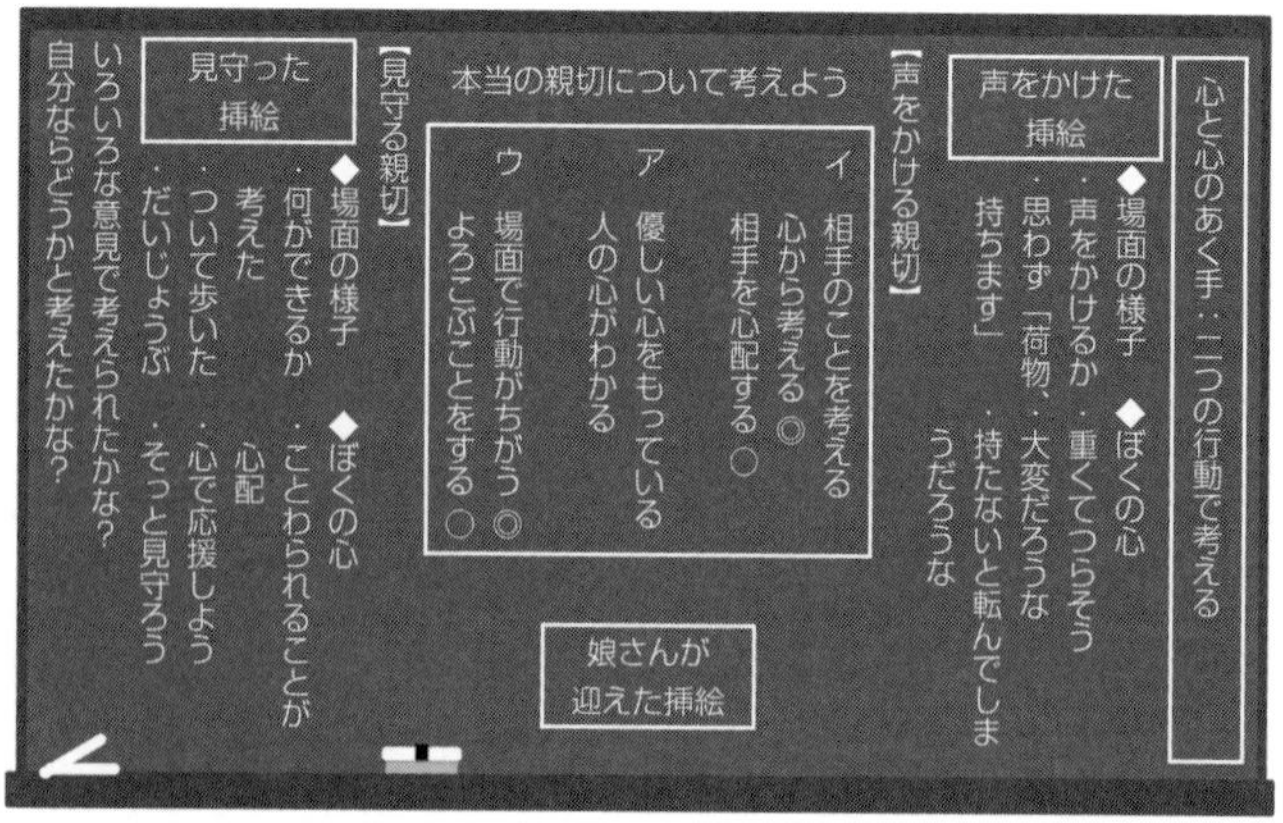

心と心のあく手：二つの行動で考える
声をかけた挿絵
【声をかける親切】
◆場面の様子
・声をかけるか
・思わず「荷物、持ちます」
◆ぼくの心
・重くてつらそう
・大変だろうな
・持たないと転んでしまうだろうな
本当の親切について考えよう
イ　相手のことを考える
心から考える◎
相手を心配する○
ア　優しい心をもっている
人の心がわかる
ウ　場面で行動がちがう◎
よろこぶことをする○
娘さんが迎えた挿絵
【見守る親切】
見守った挿絵
◆場面の様子
・何ができるか考えた
・ついて歩いた
・だいじょうぶ
◆ぼくの心
・ことわられることが心配
・心で応援しよう
・そっと見守ろう
いろいろな意見で考えられたかな？
自分ならどうかと考えたかな？

面で考えます」として、二枚の挿絵を黒板の左右に分けて掲示します。二つの場面を見ての感想を出させ、教材への関心を高めます。通常ならすぐに教材文を読み聞かせるところですが、今回は教師の評価観を伝えるため、黒板の左側に「授業での学び方を振り返ろう」として、あらかじめよりよい学び方を伝えることにしました。二つの視点です。一つが親切について「いろいろな意見、立場、場面で考えられたか」、もう一つが親切な行為について「自分ならどうするか、自分の経験ではどうだったかと考えたか」です。

【展開前半】

教材を読み聞かせた後、右側の親切に「声をかける親切」、左側の親切に「見守る親切」と名前を付けます。どちらも親切だと確認し、「どっちがより親切ですか」と投げかけると、「勇気を出して声をかけた方が親切」というつぶやきと、「いや、見守る方」というつぶやきが出ます。それらを踏まえて、学習課題に「本当の」を付け加えて、再度、めあてを自覚させます。

中心発問をする前に、二つの場面での「『ぼく』の考えや理由」をそれぞれ書かせ発表させます。書く活動とあわせて、二人組で情報交換をするなどして、全員が考えられるように配慮します。全体での発表活動では、「右は、荷物が重そう。よし、手伝ってあげよう！　と考えたんだけど、左は、練習しているんだから、心で応援しよう！　という考えだと思う」のように、左右を比較して発言できるように促します。それぞれの場面の状況、おばあさんの事情などが理由になっていることが分かるように板書します。どちらも相手を思いやった親切だということを共通理解します。簡単な動作化も有効です。

【展開後半】

前半の学習を踏まえ、本時の学習課題について「本当の親切とはどんなことでしょうか」と中心発問をします。

まずは、道徳ノートに書く時間を保障します。二人組の話合いを前後に挟んでもよいでしょう。十分な時間をとったら、意図的指名も活用しながら、全体での話合いを行います。

まずは、板書のア「優しい心をもっていること」という基盤となる心情から意図的に発表させます。そして、黒板の真ん中に書きます。なぜ、「優しい心」を初めに発表させるかというと、この心が一・二年の内容項目にある「温かい心」だからです。多くの児童にとって納得がいく最も平易な親切観から出させて学習を積み上げていくためです。同様の趣旨で「人の心が分かる」という発言もありましたので、「優しい心」の横に同じグループとして板書します。

その後、板書のイ「相手のことを考える」「心から人のことを考える」「心配する」など、その「優しい心」の使い方に関する発言が続きます。アの右側にまとめて板書します。前述の「お月さまとコロ」の実践同様、「あなたの意見はどれに近いですか」などと発言者に問い返したり、「○○さんの意見はどれに近いですか」と全員に尋ねたりして、考えを比べられるように配慮します。このような教師からの働きかけがなければ、道徳的価値の理解に関する「多面的・多角的な思考」は促されづらいからです。

また、児童から比較的長い発言があった場合は、「あなたの発言を一言でまとめると、何ですか？」などと「要約」あるいは「小見出し化」させることが有効です。逆に、一言で「相手のことを考えること」などと発言した場合には、「例えば、このお話では、どこに当てはまりますか？」と問い返して、具体化させて学級の児童全体に分かるようにすることも重要です。

更に、板書のウ「場面によって親切な行動は違う、変わる」「でも、相手が喜ぶことをする」「助ける」など、主に行動に着目した意見のまとまりも出てきます。ア・イ・ウは、必ずしも、順々にまとめて発言されるわけではありませんから、教師の方で「どこに書きますか？」などと問い返して、「親切の多面性」が分かるように板書していきます。

ある程度、意見が出つくしてきたら、教師からあえて「おばあさんの娘さんは、ただ待っているだけだから、親切にはしてないんですよねえ」「『だいぶ歩けるようになったねえ』と言うだけだもんね」と、話合いに横槍を入れます。すると、児童は、「待っているのも親切」とか「ほめるのも親切」だと発言します。なぜなら、それまでの話合いで、既に「優しい心」「心から考える」「場面によって行動は違う」などを学んできたからです。おばあさんと「ぼく」の二人の関係から親切について考えてきていたところで、娘さんという違う立場から親切について考えさせることは、多角的な思考を促していると言えます。必要に応じて、教師が視点を転換することが重要です。

話合いが終わったら、「道徳ノートに、自分がこれまで考えたりしたりしていたことを書いて○を付けてください。また、これからこのことについて考えていきたいとかやっていきたいと思うものを書いて◎を付けてください」など、自己を見つめ、自己の生き方についての考えを深める活動を行います。自由記述なら更にしっかり見つめられます。

【終末】

導入で示した「いろいろな意見、立場、場面で考えられたか」「自分ならどうするか、自分の経験ではどうだったかと考えたか」について、振り返りをさせます。前述の「お月さまとコロ」の実践のようにハートの大きさを選択してもいいですし、一言ずつノートに書く活動でもかまいません。しかし、これらは、あくまでも自己評価活動であって、教師の評価の参考にはなりますが、直接、評価の対象にはなりません。

⑤評価

この授業は、「学習状況や道徳性に係る成長の様子」を評価する視点の一つ目である「道徳的価値やそれらに関わる諸事象について他者の考え方や議論に触れ、自律的に思考する中で、一面的な見方から多面的・多角的な見方へと発展しているか」の方を重視した授業でした。したがって、中心発問での記述や発言、話合いの様子などを参考に、以前よりも発展してきていると考えられる児童数名に着目し、教師の記録に残します。

着目の仕方について重要なことを再度確認するなら、「ほかの児童との比較をしない」「個人内評価」であることです。同じ見方や表現であったとしても、その児童のそれまでの見方と個人内で比較して、その伸びや成長が顕著であれば、そのことを積極的に評価することが大切だということです。したがって、実際の記述や発言の内容がおおむね同じだった場合、児童によって、評価できる場合とそれほどでもない場合があります。

【著者紹介】

坂本　哲彦（さかもと　てつひこ）

山口県宇部市立東岐波小学校長。

山口大学大学院修了。山口県内公立小学校教諭、山口大学教育学部附属山口小学校教諭、山口県教育庁指導主事、山口県内公立小学校教頭、校長を経て、現職。

『小学校学習指導要領解説　特別の教科　道徳編』作成協力者、日本授業ＵＤ学会理事、教師の“知恵”.net 事務局、やまぐち道徳教育サークル代表。

著書に『自己評価観点から自分をみつめる発問のあり方』（学事出版、2006年）、『公開授業・研究授業で行う道徳教材ベスト40』（東洋館出版社、2009年）、『道徳授業のユニバーサルデザイン』（東洋館出版社、2014年）、『「分けて比べる」道徳科授業』（東洋館出版社、2018年）他。

小学校　新学習指導要領　道徳の授業づくり

2018年4月初版第1刷刊　©著　者　坂　本　哲　彦
発行者　藤　原　光　政
発行所　明治図書出版株式会社
http://www.meijitosho.co.jp
(企画)茅野　現(校正)嵯峨裕子
〒114-0023　東京都北区滝野川7-46-1
振替00160-5-151318　電話03(5907)6701
ご注文窓口　電話03(5907)6668

＊検印省略　組版所　藤　原　印　刷　株　式　会　社

Printed in Japan　ISBN978-4-18-274528-7